총과 십자가

JU TO JUJIKA
by ENDO Shusaku

Copyright © 1979 The Heirs of ENDO Shusaku
All rights reserved.
Originally published in Japan.
Korean translation rights arranged with The Heirs of ENDO Shusaku, Japan through THE SAKAI AGENCY and AMO AGENCY.

이 책의 한국어판 저작권은 AMO에이전시를 통해 저작권자와 독점 계약한 불휘미디어에 있습니다
저작권법에 의해 한국 내에서 보호를 받는 저작물이므로 무단 전재와 무단 복제를 금합니다.

총과 십자가

엔도 슈사쿠 遠藤周作 작
이건숙 역

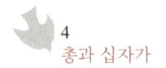

『총과 십자가』의 출판을 축하합니다

나가사키 대교구
대주교 **나카무라 미치아키**(ペトロ中村倫明)

코로나19 감염이 전 세계적으로 확산되면서 한국의 순례단이 두절되었던 시기가 있었습니다. 지식의 전달이 아니고 신자들의 영적 신앙생활을 위해 선교하던 예수성심시녀회 수녀님들이 일시 귀국했습니다. 그러던 중 2022년 5월 짧은 메일 한 통을 받았습니다.

"순교자의 피는 선교의 씨앗이라는 교회의 가르침이 있습니다. 하느님을 증거하다 피를 흘린 순교자들이 세계 각국에 무수히 계십니다. 그분들은 늘 우리에게 활동의 에너지를 불어넣어 주시는 분들이십니다. 모국에 돌아와 벌써 1년이 훌쩍 지났습니다. 평소 188 대표 복자 '베드로 키베' 신부님의 생애에 매료되었던 터라 간간이 여유 있는 시간에 책을 번역해 그분의 생애를 한국에 소개하고 싶습니다. 이 어려운 시기에 많은 분들이 힘을 얻기 바라는 마음에서 옮겼습니다."
는 짧은 내용이었습니다.

저는 이 소식에 어려운 일본어를 짧은 기간에 번역했다는 일에 놀랐고, 또 일본의 순교자를 기억한다는 마음에 더욱 기뻤습니다.

『총과 십자가』의 주인공은 일본 순교복자(188위) 중의 한 분이신 '베드로 키베 카스이' 신부님의 생애입니다. 일본 유명 작가이며 가톨릭 신자 엔도 슈사쿠 씨가 방대한 자료를 수집하여 자신의 기도와 인간 내면을 묘사한 문학 작품입니다.

이야기는 나가사키현의 아리마 마을에 설립된 신학교부터 시작합니다. 막부의 가톨릭 금지령으로 선교사와 신자를 일본에서 마카오와 마닐라로 추방하고 신학교는 폐지되었습니다. 사제의 꿈을 접을 수 없어 홀로 로마를 향해 사막을 횡단하는 열정 끝에 드디어 로마에서 사제가 되었습니다. 가혹한 박해 중의 신자들을 돕기 위해 일본에 귀국한 목자의 마음, 잠복 사제로 선교했으나 체포되어 최후 '아나즈리'의 고문으로 생을 마감하셨습니다.

엔도 슈사쿠 씨의 『총과 십자가』는 우리와 똑같은 약한 인성을 지닌 한 인간 키베란 인물이 하느님의 도우심으로 순

교에 이르는 사제의 신앙 고백서라고 표현하고 싶습니다. 이 책을 통해 순교자의 영성과 인간적 측면, 하느님께서 그에게 허락하신 소명과 은총 그리고 한 명의 선교사로서 순교자를 닮으려는 수녀님의 모습을 함께 읽을 수 있었으면 좋겠다는 생각입니다.

   한국인과 나가사키 교구민을 위해서도 수녀님을 파견해 주신 예수성심시녀회에 감사드립니다.

   이 『총과 십자가』를 통하여 교회의 일치, 신념의 일치를 이루는 가교의 역할이 되는 계기가 되기 바랍니다.

2023년
주님 부활축일에

추천사

하느님의 현존은 침묵 속에서도 굳건히

천주교 대구대교구
총대리 **장신호** 주교

    2016년에 <사일런스>라는 제목으로 미국에서 새롭게 영화화된 유명한 소설 『침묵』을 집필한 엔도 슈사쿠의 작품인 『총과 십자가』가 예수성심시녀회 이건숙 율리엣다 수녀님의 번역으로 한국에 소개됩니다.

    수녀님은 나가사키에서 13년간 순교성지 안내소임을 하였고, 그 이전에는 야마구치에서도 9년간 예수회 신부님들과 일본인 본당 선교를 하셨습니다. 일본교회를 경험한 바탕으로 한국 신자들에게 일본 가톨릭 순교자들의 삶과 영성을 소개하고자 루이스 프로이스 작품 『거룩한 불꽃 일본 26성인전』(가톨릭출판사)를 번역하셨습니다.

    이번에 수녀님께서 소개하시는 『총과 십자가』는 2008년 11월 24일 나가사키에서 시복된 복자 188위(축일 7월 1일)의 대표 복자이신 베드로 키베 사제에 관하여 가톨릭 신자인 엔도 슈사쿠(바오로)가 집필한 전기물입니다. 당시 일본의 박해 상황을 소개하는 가운데, 키베 신부의 생애와 영성을 묘사한 순교 역사소설이라 할 것입니다.

키베 신부님은 박해 시기에 신앙인 가족에서 출생하여 나가사키현 운젠 인근 아리마 신학교에 입학하였다가, 1587년 히데요시의 금지령으로 인하여 신학교 피난, 이전, 폐교 등의 도피 생활을 하다 마침내 1614년 도쿠가와 막부의 전국 금지령 선포로 마카오로 추방당합니다. 추방지 마카오에서 '신자를 돕기 위하여' 사제가 되려는 일념으로 뜨거운 사막을 걸어 횡단하여 결국 먼 로마까지 가서 사제가 됩니다.

귀국길에도 온갖 고난을 겪고 일본에 돌아옵니다. 가고시마를 거쳐 나가사키로 왔으나 막부의 심한 금지 정책에 활동이 어려워지자 동북 지방 센다이로 옮겼습니다. 센다이에서 잠복한 예수회 신부들과 함께 지하교회 활동을 하다가 밀고자에 의해 동료 사제들과 함께 체포당하여 에도(동경)로 호송되었습니다. 에도의 종교 부교 이노우에의 기리시탄 감옥에 투옥당하여, 막부의 최고 권력자 도쿠가와 이에미츠의 심문을 받았으나 어떤 회유에도 굴하지 않았습니다. 이노우에의 지시로 아나즈리(땅에 구덩이를 파고 매달음) 형을 선고받았습니다. 동료 사제들이 배교하는 고통 가운데에도 흔들리지 않고 신앙을 지켰습니다. 키베 신부가 동료들을 격려하고 신앙을 저버리지 않도록 격려하자, 형리들이 키베 신부를 구멍에서 꺼내어 마지막으로 복부에 빨갛게 불에 달군 철사를 넣는 극심한 고통을 견디고 장렬하게 순교하셨습니다.

신자를 위하여 사제가 되어 순교를 각오하고 귀국한 키베 신부는 이렇게 자신의 생명을 바쳐 하느님을 증거하셨습니다. 이를 기리고자 1965년 9월, 출신지 오이타현 키베 마을에 키베 신부 동상이 세워졌으며 매년 오이타(大分) 교구는 그곳에서 베드로 키베 순교기념제를 거행하고 있습니다.

이 책은 일본 그리스도 신자들이 긴 세월 동안 잠복하며 대를 이어 신앙을 지켜 왔고 또 키베 신부의 삶으로 드러나듯 무저항의 저항인 순교의 길, 곧 십자가와 죽음까지 따르는 길이 그리스도를 따르는 올바른 선교라는 것을 독자들에게 전하려는 것이라고 여겨집니다.

이 책을 읽으시는 독자들께서는 『침묵』을 영화로 제작한 <사일런스>의 여러 장면들이 함께 연상되는 경험을 하실 것입니다. 그리고 『총과 십자가』에서 묘사하는 당시 순교자들의 삶을 통하여, 신앙으로 살아가는 의미를 다시 생각하게 될 것입니다. 그럼 순교 복자 베드로 키베 신부님의 삶과 영

성의 길을 함께 걸어가 보시기 바랍니다. 침묵 속에서도 언제나 순교자들과 함께 또 우리와 함께 굳건히 계시는 하느님의 현존을 잘 느끼시기 바랍니다.

2023년 7월 2일

베드로 키베 신부님

천주교 마산교구
교구장 서리 **신은근 바오로** 신부

베드로 키베(岐部) 신부님은 1587년 일본 규수(九州) 오이타현(大分県) 구니사키시(国東市)에서 태어나셨습니다. 오이타 지역은 아소산(阿蘇山) 동쪽에 위치하며 온천 도시 벳부(別府)와 유휴인 온천도 이곳에 속합니다.

1549년 8월 프란시스코 하비에르 신부님은 규수 남쪽 가고시마(鹿児島)에 상륙. 일본 선교 첫발을 디디셨습니다. 당시 규수의 영주(다이묘)들은 서양 문물에 호의적이었기에 복음 선포는 활기를 띨 수 있었고 규수 북쪽 오이타까지 전파되었습니다.

당시 오이타 지역은 분고(豊後)라 불리었고 영주 오토모 소린(大友宗麟)도 기독교를 받아들이고 입교합니다. 세례명 프란치스코. 신학생들이 로마를 방문했던 덴쇼 소년단에도 협조했습니다. 방문 소년 중 한 명이었던 이토 만쇼(伊東マンショ)의

후견인이 오토모 소린입니다.

키베 신부님 양친 역시 신심 깊은 교우였으며 아버지는 오토모 가문에 속한 가신이었습니다. 그 인연으로 1600년 13살 소년 키베를 신학교에 보냅니다. 6년간 라틴어와 서양 학문을 배웠고 19세 때 졸업합니다. 사제가 되고 싶어 했지만 당시 일본예수회는 받아주지 않습니다. 그렇게 8년을 기다리며 사목 보조자인 도슈쿠(同宿) 신분으로 있던 1614년 전국적인 박해가 일어납니다.

이듬해 1615년 28살이 된 청년 키베는 마카오로 피신합니다. 하지만 그곳 예수회도 공부할 기회를 주지 않습니다. 이곳에서는 사제가 될 수 없다고 판단한 키베는 로마로 갈 것을 결심합니다. 온갖 난간을 뚫고 먼저 예루살렘으로 갑니다. 일본 사람으로 첫 예루살렘 방문이었습니다. 그리곤 1620년 6월 마침내 로마에 도착합니다. 입은 옷차림 그대로 예수회를 찾아갔습니다. 마카오를 떠난 지 5년 만이었습니다.

로마의 예수회는 키베를 지켜본 뒤 그해 1620년 11월 15일 사제직을 수락합니다. 당시 33살이었습니다. 일본 신자를 위해 왔다는 그의 말과 유창한 라틴어 실력을 보고 진정한 신학생으로 간파했던 겁니다. 하지만 키베 신부님은 로마에 주저앉지 않았습니다. 일본으로 돌아갈 것을 청했고 귀국을 허락받습니다.

　일본으로 가는 길은 험난했지만 1630년 7월 가고시마에 상륙합니다. 15년 만에 찾은 조국이었습니다. 키베 신부님은 은둔 교우들이 많았던 일본의 북쪽 센다이(仙台) 지역에서 사목하시다 1639년 체포되어 52세 나이로 순교하셨습니다. 평생을 예수님만 보면서 살려고 했던 분이셨습니다. 자신의 죽음도 예수님 죽음을 닮으려 했던 사제였습니다. 2008년 11월 24일 시복되셨습니다. 베드로 키베 사제와 동료 순교자 187위 시복식입니다.

2024. 12.

목차

추천사 나가사키 대교구 대주교 **나카무라 미치아키**
　　　　천주교 대구대교구 총대리 **장신호** 주교
　　　　천주교 마산교구장 서리 **신은근 바오로** 신부

01　작고 푸른 싹 _16
02　너무나 짧았던 봄 _40
03　박해 시작 _63
04　키베라 부르는 형제 _87
05　유배의 나날 _107
06　일본을 뒤로 하고 _127
07　사막을 횡단한 자 _144
08　유학의 날들 _166
09　야마다 나가마사와 베드로 키베 _187
10　지옥의 나가사키에서 _209
11　체포되던 날 _233
12　다 이루었다 _257

후기 _283

총과 십자가

일러두기
- 베드로 키베는 일본 가톨릭교회의 188위 순교 대표 복자이다. (축일 7월 1일)
- 본문 안에서 사용되는 일본의 연호(元号)는 서기력으로 바꾸었다.
- 인용출전서 혹은 번역자는 그대로 사용하였다.
- 이 책은 방대한 역사적 근거를 수집하여 집필한 문학서이다.
  경우에 따라 사실과 약간 다름을 인지함이 필요하다.

01

작고 푸른 싹

일본 역사에서 문화적으로 대단히 중요한 가치를 지니고 있지만 현재까지 잘 알려져 있지 않은 학교가 있다. 오늘을 살고 있는 일본인조차 잘 기억하지 못하고 있는 학교다. 1580년 세워졌고 33년간 존속하다 기리시탄 박해로 폐교당한 학교다.

장소는 나가사키현 시마바라 반도에 있는 아리마라는 조그마한 바닷가 마을이다. 번잡하지 않고 조용한 어촌으로 곳곳에 고기잡이 포구가 있다. 이곳에서 400년 전 일본인이 처음으로 서양 문화를 접했으며 유일하게 서구의 체취를 접하며 살았었다.

나가사키에서 자동차로 2시간가량 운젠 쪽으로 가다 보면 오바마 온천 지역을 만난다. 그곳에서 해안도로를 따라가다

가즈사 마을을 지나 작은 언덕을 넘으면 강어귀에 있는 구치노즈 마을이 눈 앞에 펼쳐진다. 구치노즈는 그 옛날 먼바다를 건너온 남만선이 자주 드나들던 항구였다. 400년 전 온갖 진귀한 물건들과 함께 중국인과 유럽의 선교사들이 상륙했던 곳이다. 그들을 싣고 왔던 배는 돌아갔으나 육지에 내린 선교사와 중국인은 이 마을에서 살기 시작했다. 이후 마을 어귀에 기리시탄 학교가 세워졌고 교회 종소리는 마을로 퍼져나가곤 했다. 가즈사와 구치노즈는 말 그대로 국제 마을이 되었다.

구치노즈에서 시마바라 쪽으로는 평온한 바다가 끝없이 펼쳐져 있다. 한참을 가다 보면 멀리 작고 하얀 곳이 보인다. 하얗게 튀어나온 그곳에 하라 성이 있었다. 시마바라 난으로 3만 명 이상의 농민이 전투를 벌이다 죽은 곳이다. 현재는 성터만 남아 있다.

내가 말하려는 아리마는 이 하라 성터에서 멀지는 않다. 해안에서 약간 안으로 들어간 곳으로 조금 높은 구릉지 안쪽에 있다. 마치 잠들어 누워 있는 듯 느껴지는 작은 마을이다. 뜨거운 한낮 이곳 마을에 들어오면 희고 좁은 길만 햇볕에 반짝거리고 인적조차 없다. 시간을 모르는 닭 울음소리만 들릴 뿐이다.

마을엔 사백 년 전 시마바라의 영주 아리마가 살던 히노에 성이 있다. 프로이스의 『일본사』[1]를 읽어본 사람이라면 선교사와 남만 상인들이 히노에 성을 방문했다는 사실을 알고 있을 것이다.

아리마 마을도 구치노즈나 가즈사처럼 서구의 향기가 닿았던 곳이다. 당시 마을이 어떠했는지 프로이스 『일본사』와 다른 선교사들의 통신문을 읽어 보면 그때의 모습을 상상할 수 있다. 1594년 8월 일본에 온 스페인 무역 상인 아비라 히론[2]도 이곳 히노에 성을 방문하고 기록을 남겼다.

다음은 그의 기록이다. 당시 마을은 지금과는 약간 달랐음을 알 수 있다.

> 나가사키에서 남쪽 8레구아 떨어진 곳에 아리마 마을이 있다. 이 마을은 귀족으로 불리던 옛 영주 일족이 살던 곳이다. 아리마 마을이 유명한 것은 마을의 크기 때문이 아니다. 아리마 씨족과 함께 땅의 모양새와 비옥함 때문이다. 마을

---

[1] 저자인 프로이스는 포르투갈 출신 예수회 신부. 1563년 일본 입국. 일본사와 예수회 연보. 26성인 기록물을 남김. 1597년 나가사키에서 선종. (역주)

[2] 1594년 필리핀 총독 사절로 입국. 구치노즈와 나가사키에 거주했던 스페인 상인. 『일본왕국기』의 저자. (역주)

에는 동네를 부유하게 하는 점포들도 별로 없고 긴 해변에 접한 저지대로 그저 평탄하기만 하다. 항구라 부르기에도 애매하다. 마을로 가려면 만조 때를 기다려야 한다. 밀물이 꽉 차올라 수위가 높아져야 접근이 가능하기 때문이다. 만조가 아니면 아무리 작은 배라도 근접이 불가능하다. 그런데 만조 때가 되면 민가나 강 위의 거성 주변까지도 배를 댈 수 있다. - 〈아비라 히론 『일본왕국기』〉

히론이 기록한 당시 아리마 지형과 현재의 아리마 지형은 약간 다르다. 예전엔 바다가 지금보다 더 가깝게 있었다. 현재의 넓은 전답이 있는 장소는 간조기엔 해변이었고 만조 때는 바다로 바뀌는 곳이었다. 아리아케 바닷가의 습지대였다. 그래서 이 습지대에 긴 다리를 놓아 하라 성까지 갔다고 한다. 만조 때가 되면 그 얕은 해안은 바닷속으로 잠겨 버린다. 마을은 바다와 아리마 영주가 사는 성과 산기슭 사이에 있었다. 어떤 마을이었는지 다시 히론의 기록을 참고로 그림을 그려 보자.

먼저 성이 있다. 그리고 주변엔 무사의 집들이 있다. 봉토를 받는 상급무사와 그들을 따르는 병사들의 집이 있고 각

자의 집 주변엔 담을 쌓고 도랑을 파서 해자를 만들었다. 그리고 조금 떨어진 곳에 주민과 상인 그리고 어부들이 살고 있다.

히론은 일반적인 일본 마을을 말하는데 당시 아리마도 크게 다르진 않았을 것이다. 바닷가 마을 쪽에 무사들의 집과 그 길 한쪽 끝에 주민들의 집이 줄지어 있고 태양에 반사되어 하얗게 보였을 것이다. 지붕은 볏짚을 엮어 덮었고 길 따라 도랑이 흐르고 돌담들이 집을 감싸고 있었다. 짙은 그림자가 길 위에 선명하게 드리워지는 풍경이다. 그리고 무사들의 집이 있는 언덕 꼭대기에 아리마 성이 나무에 둘러싸여 있었다. 히론은 그 성을 일본에 도착한 이듬해인 1595년 방문했다. 그가 기록한 귀중한 내용은 이제부터 내가 말하려는 학교 주변을 상상하는 데 도움이 될 것이다.

이 왕국에서 내가 처음 본 희귀한 집은 1595년 당시 영주였던 아리마 하루노부[3]의 성안에 있었다. 이 희귀한 집은 영주가 사는 곳이다. 예수회 신부와 우리는 마루로 된 복도로

---

[3] 1580년 세례 받음. 자신의 영지에 일본 최초의 세미나리오 소신학교를 설립했고 덴쇼견구소년사절단을 로마에 파견했다.(역주)

올라갔다. 땅에서 4빠루모(1빠루모는 약 21센티) 정도 높은 복도였다. 바닥에 깔린 나무판자 한 개의 폭은 8빠루모 정도 되어 보였다. 신발을 벗고 준비된 실내화로 갈아 신은 뒤 회의실 같은 응접실로 들어갔다. 방의 길이는 20빠이라(1빠이라는 약 83.6센티) 폭 10빠이라였다. 응접실 바닥에는 매우 촘촘하게 짠 다다미가 깔려 있었다. 흑적색 우단으로 테두리를 둘렀다.

칸막이 병풍에는 황금색과 연푸른 색깔의 수천 송이 장미꽃이 그려져 있었다. 먼 곳의 풍경과 겨울 산을 표현한 눈 덮인 산맥은 실물을 보는 듯했다. 어떤 것은 여름 경치를 보는 듯 자연 그대로의 나무들이 빽빽하게 그려져 있었다. 이쪽에 작은 새들이 있고 저쪽엔 매들이 있다. 다른 쪽 문에는 두 마리 사슴이 있고 사슴 사이에는 실물 같은 풀들이 정교하게 그려져 있다. 그림들이 매우 아름답고 매력적이어서 우리는 흐뭇하게 미소를 지었다. 응접실의 접이식 문을 열어주는데 문은 모두 20장으로 양쪽에 10장씩이었다. 앞의 응접실과 같은 크기의 호화롭고 아름다운 방이 또다시 나타났다. 이 방은 더 화려했다. 세계 최대의 군주가 살아도 기뻐할 만큼 우아한 방이었다. 바로 앞의 문을 열자 지금의 넓은 방보다 더욱 화려한 방이 또 나타났다.

히론이 성을 방문했을 때는 영주 하루노부는 히데요시의 명을 받고 조선 침략 전쟁에 출전해 부재 중이었다. 그래서 당시 소년이었던 아들 나오즈미의 안내를 받았다. 다음 역시 그가 남긴 기록이다.

> 작고 우아한 정원에는 소담스러운 나무들이 빽빽이 둘러서 있었고 연못에는 오리 몇 마리가 헤엄치며 노닐고 있었다. 아름다운 정원과 차실을 둘러본 뒤 아궁이와 화로도 봤는데 정갈하게 잘 닦여 있었다. 보는 것만으로도 기분이 좋았다. 부엌도 청소가 잘 되어 있었고 악취나 불쾌감은 없었다. 뒤란까지 안내를 해 주었다.

그러나 지금은 히론이 방문했던 히노에 성은 흔적만 남아 있다. 거대한 성이 있던 경사진 땅에는 잡초만 무성하고 손바닥만한 채소밭이 여기저기 있을 뿐이다. 이끼 낀 돌들도 심심찮게 보이지만 이 돌들이 예전 아리마 시대의 유적인지 알 수는 없다. 이곳에 만조 때가 되고 석양이 깔릴 때를 상상해 본다.

작은 쪽배를 타고 와서 망토 자락 휘날리며 언덕을 올라왔을 선교사와 스페인 상인들도 상상해 본다. 그들을 환영하기 위해 한 무리의 소년들이 뛰어내려 왔을 모습이 눈에 선하다. 이 소년들이 내가 말하려는 아리마 신학교인 세미나리오 학생들이다. 프로이스는 아리마 영지와 가톨릭과의 관계를 매우 자세히 기록했다. 이 지역에 그리스도교가 자리 잡게 된 것은 영주 아리마 요시나오가 1576년 가신들과 함께 세례받으면서 시작되었다. 그는 자신의 친동생이기도 했던 오무라 스미타다[4] 영향으로 기리시탄이 되었다.

아리마 요시나오의 아들 하루노부는 잠시 신자들을 박해했으나 인근에 살고 있던 류조지 다카노부(龍造寺隆信)의 세력이 시마바라를 위협하자 선교사를 통한 군사적 원조를 계획하여 선교사들과 접촉했고 식량과 탄약을 지원받으면서 가톨릭과 가까워졌다.

1597년 7월 예수회 순찰사였던 알렉산드로 발리냐노 신부가 마카오에서 아리마의 영지 구치노즈에 도착했다. 그는 예수회 총장 직속 순찰사로 일본의 선교 상황을 시찰하고 보고할 임무를 받은 실무자였다. 뛰어난 재능을 지닌 사제로 덴쇼 견구소년사절단(天正遣欧少年使節)을 로마로 파견했던 사람이다. 다음은 그가 남긴 기록이다.

---

4 일본의 첫 신자 다이묘. 1563년 세례 받다. 세례명 바르톨로메오.(역주)

모든 것이 다른 세상 같다. 이 나라에 와서 보니 지금까지 선교사들이 보낸 편지로 읽었던 일본과는 많이 다르다는 것을 확실히 알게 되었다. 선교 방법의 결함과 준비가 부족했던 일들이 잇달아 눈에 들어온다.

그의 혜안은 선교사와 일본인 신자 사이에 소소하게 일어나고 있던 알력까지 빠트리지 않고 뚫어 봤다. 그때까지의 포교 책임자는 스페인 선교사 카브랄 신부였다. 그런데 일부 선교사들이 일본 풍습을 무시하고 천시하는 경향이 있었다. 이에 신자들이 불평불만을 터트리고 있었는데 발리냐노 신부는 그것까지 알아차렸던 것이다.

카브랄 신부는 발리냐노 신부[5]보다 7년 앞선 1570년 일본에 들어왔다. 평소 그는 일본인을 위선적인 사람들로 평가하고 있었다. 일본의 영주들이 정치적 목적이나 부국강병을 위해 선교사를 이용하려는 것에 역겨움을 느끼고 있었던 것이다. "일본인처럼 오만하고 위선적인 국민은 본 적이 없다. 그들이 공통적으로 순종의 자세를 취할 때는 생활수단이 불가능할 때뿐이다." 카브랄 신부의 기록이다.

---

5 Valignano: 예수회 총장 직속으로 동인도순찰사로 일본에 3차례 입국. (역주)

일본인 수사는 라틴어 지식도 없다. 우리의 지도를 받고 비신자를 가르칠 정도가 되면 우리를 하찮게 여긴다. 그러니 일본인 수사가 공부를 마치고 유럽인과 똑같은 지식을 갖추게 된다면 어떻게 되겠는가? 일본불교에서는 불승으로 20년을 살아도 제자로 받아들이는 예식을 하지 않는다. 일본인 수사가 교리 지식이 깊어지면 장상이나 교사는 안중에 없고 독자적인 행동을 할 것이다.

카브랄 신부는 이런 사고의 주인공으로 교회 공동체에서 사제 양성자로 추천해도 받아들이지 않았다. 도슈쿠(同宿)[6] 정도의 지위에 둬야 한다고 주장했다.

일본에 도착한 순찰사 발리냐노는 이런 생각을 갖고 있는 카브랄 신부로 인해 수사나 신자들이 불만을 갖고 있음을 재빨리 파악했다. 한편 그는 자신이 체험한 일본인은 예리한 이해력과 우수한 재능을 지녔다고 판단했다. "중국인을 제외한 전 아시아권에서 가장 유능한 국민이다. 천성적인 재능도 있다. 잘 양성하면 과학과 모든 분야에서 많은 유럽인 이상으로 능력을 드러낼 것이다."『인도 요록(印度要錄)』에 남긴

---

[6] 교회 시설에 거주하며 교회의 잡무와 선교사를 돕는 직분으로 수도자는 아님. (역주)

그의 글이다.

> 새롭게 신자가 된 이들은 대부분 영주의 강요로 신앙을 갖게 됐다. 하지만 그들은 교리를 잘 이해하고 재능도 있다. 설교를 듣기 위해서도 편안하게 교회로 온다. 좋은 교육으로 양성하면 훌륭한 그리스도교 신자가 될 수 있을 것이다.

이렇게 판단한 순찰사 발리냐노는 동양인 중에서 일본인만큼 현명하고 유능한 민족은 없다고 생각했고 자신의 판단을 기록에 남겼다. 일본 최초의 선교사 프란치스코 하비에르와 같은 생각의 소유자였던 것이다. 일본인을 멸시하는 카브랄 신부 측과 발리냐노 신부는 자연스레 대립하는 입장이 되었다. 발리냐노 신부는 선교사들이 어학을 배울 기관이나 교사가 없음을 지적했다. 카브랄 신부가 지니고 있는 일본인 수사에게 학문의 기회를 주지 말아야 한다는 편견에 대해서도 힐책했다. 카브랄 신부는 발리냐노 신부가 자신의 의견을 받아들이지 않았으므로 괴로운 심정을 고백한 기록이 남아 있다.

> 일본 선교 책임자란 나의 위치를 이해하지 않는다. 나의

제안을 받아들이지 않으려는 자세가 더욱 괴롭다. 어떤 말로도 그를 이해시킬 수가 없다. 이대로 가면 일본 예수회는 몰락한다며 나의 정책을 지적한다. 나는 누구에게 이 문제를 털어놓고 해결해야 할지 판단이 서지 않는다.

발리냐노 신부는 완강했다. 겁내지도 않고 물러서지도 않았다. 순찰사 특권으로 구치노즈에 사제들을 소집해 그동안 있었던 선교의 결점과 시정 사항을 논의하였는데 그때 결정된 것 중의 하나가 카브랄 신부 측근의 반대를 무릅쓰고 일본인 교육기관을 설치하기로 한 것이다.

카브랄 신부 측이 그때까지도 인정하지 않고 있던 일본인 사제 양성을 위해 문을 열었다. "모든 과학적 분야를 유럽인 이상으로 익힐 것으로 믿는다." 이런 신뢰를 바탕으로 일본인에게 서양식 교육을 받을 수 있는 기관을 창설하기로 결정한 것이다. 이 계획에 따라 발리냐노는 상륙 다음 해인 1580년 아리마 하루노부의 성 인근에 세미나리오[7]를 설립했다. 그리고 1581년에는 오토모 소린의 성 아랫마을인 우스키(臼

---

7 Seminario: 중등 과정의 예수회 교육기관으로 성직자와 전도사 양성을 위한 소신학교. 1614년 금교령으로 폐교. 나가사키현 아리마에 설립했다. (역주)

杵)에 콜레지오를 창립했다.[8]

아리마 하루노부는 한때 기리시탄을 박해한 적이 있었으나 남만무역과 서구의 군수품이 필요했던 하루노부는 발리냐노의 청을 받아들인다. 그가 세미나리오 학교 부지를 제공했던 것이다. 예수회가 기증받아 소유하고 있던 다른 지역의 땅과 교환해서 제공한 것이었다.

다음은 발리냐노 기록이다. "성안에 있다. 절에 속한 땅이다." 하지만 세미나리오 위치가 어느 곳인지 알 수 있는 확실한 자료는 없다. 발리냐노가 기록한 성은 유럽에서는 마을을 의미한다. 서양의 고성(古城)을 다녀온 이들은 마을이 성벽 안에 있는 것을 자주 봤을 것이다. 일본의 경우 마을은 성벽 바깥에도 있다. 그런 이유로 성과 마을은 다르게 해석될 수 있다. 발리냐노의 '성안'이라는 표현이 '마을 안'을 가리키는 것인지 아니면 아빌라 히론이 방문했던 '성의 내부'를 가리키는 것인지 분별할 수가 없다. 아리마 향토 사학자 하마구치 가노에 씨는 현재의 마을 뒤쪽 작은 언덕 위에 히노에 성터의 본성 그 바로 옆에 있었을 것이라고 추정한다. 물론 지금은 그 언덕에 올라가도 신학교 흔적은 없다. 하마구치 씨는

---

8 Collegio: 세미나리오 졸업생을 위한 고등교육기관으로 사제양성의 신학교. 1614년 폐교함. (역주)

현재 밭이 된 곳을 옛날부터 사찰 터라고 불렀기에 그렇게 추정하고 있는데 내 생각도 그렇다. 1580년 부활절부터 절을 개축해 세미나리오로 사용했고 당시 발리냐노 신부는 신학교에 대해 어느 정도 만족해 한 듯하다. 다음은 발리냐노 기록이다.

> 우리는 아리마 영내에 대단히 좋은 장소를 갖게 되었다. 이곳에 신분 있는 자제들을 위한 신학교를 설립했다. 훌륭한 성당과 공간이 있으며 그 외에도 약 30명 정도 수용 가능한 시설이 있다. 대단히 편리하게 설계되었다.
> 그러나 자금난 부족으로 더 이상 크게 지을 수는 없다. 하지만 사정이 호전되면 증축 또는 확장이 가능하다. 이곳의 수도공동체에는 3명의 사제와 네다섯 명의 수사가 함께 살고 있다. - (발리냐노의 일본요록(日本要錄) 제4장)

이렇게 절을 개축한 신학교에는 넓은 운동장이 있었고 수백 미터 떨어진 곳에는 휴양을 위한 별장도 있었다고 한다. 운동장은 아리아케 바닷가 해변을 가리킬 것이다. 엄격한 신학교 수업 일정에서 수영도 운동으로 허용되었기 때문이다.

신학교 책임자는 물론 교장이었다. 교장의 책임 아래 건물과 학생들의 의식주를 담당했던 행정 책임자와 부책임자가 있었다. 교사 외에 학생들의 고해성사와 영적 지도를 하는 특별 사제와 기숙사 사감도 있었다. 아마도 1580년 4월에서 6월 사이 학교는 모양새를 갖추었던 것 같다. 교과서도 없고 가르칠 교사도 부족했지만 발리냐노는 개교를 단행했다. 예수회 신학교였다. 사제가 되기를 희망하는 자와 일생을 하느님과 교회에 헌신할 이들을 양성하는 곳이었다. 따라서 아무나 입학시키지는 않았다. 부모들에게는 이러한 사실을 이해시켰고 본인도 사제의 길을 결심한 자에게만 입학을 허용했다. 뿐만 아니라 발리냐노는 신뢰를 얻기 위해 일본의 신분 있는 자제들을 우선적으로 선별해 입학시켰다. 나는 히노에 성터 귀퉁이에 설 때마다 당시 학생들의 모습을 그려 본다. 1580년 초여름, 특별전형으로 선발된 것을 뽐내며 이 언덕을 올랐을 22명의 소년들. 그들은 어떤 소년들이었을까? 어떤 기분으로 이 학교에 모여들었을까? 애석하게도 당시 상황을 알 수 있는 자료는 없다. 다만 같은 시기 설립된 아즈치(安土) 신학교에 있던 선교사가 1580년 10월 20일에 기록한 편지가 있다. 편지에 의하면 3층 건물로 오다 노부나가의 아즈치 성 버금가는 훌륭한 건물로 소개되어 있다.

개교 당시 아즈치 신학교는 학생 모집이 어려웠다. 그래서 다카야마 우콘과 주변 인물들이 반강제적으로 중신의 자제들을 입학시켰다. 아마도 아리마 신학교 역시 마찬가지였을 것이다. 나가사키와 오무라의 기리시탄[9] 가신들의 자식을 권유나 설득하여 입학시켰을지도 모른다. 개교식 광경을 선교사들이 기록으로 남겨 놓지 않은 점이 아쉽다. 물론 발리냐노는 참석했을 것이고 인근 히노에 성하마을의 아리마 중신들도 모습을 드러냈을 것이다. 개교식은 아마도 더운 여름에 있었던 것 같다. 나뭇잎은 반짝거리고 바다는 푸른빛으로 바뀌는 음력 6월 어느 날. 10살에서 13살 남짓한 소년들이 각지에서 모여와 다른 소년들이 상상도 할 수 없는 서양 학문을 기초부터 배울 것이다. 그렇게 차곡차곡 상아탑을 쌓아가 마침내 그들이 이룬 면학의 영광은 일본 문화사에 길이 남을 업적이 됐을 것이다.

제1회 신입생 22명의 소년들에게는 말쑥한 감청색 제복을 입혔다. 아리마 신학교의 빛나는 교복이었다. 외출 때는 교복 위에 약간 검푸른 망토를 걸치는 것이 교칙이었다. 학생들은 머리를 잘랐다. 일생을 교회에 봉사할 것을 약속한 자로서 일본의 승려처럼 삭발하고 세속과 이탈할 결심을 자아내도록 발리냐노가 명했기 때문이다. 입학식을 마치고 학

---

[9] Christo: 포르투갈어의 일본식 발음으로 그리스도교 신자를 칭함. (역주)

생들은 기숙사로 안내되었다. 기숙사에는 사감과 일상생활을 지도할 조력자들이 기다리고 있었다. 큰방에는 다다미 반 장 정도로 칸을 막아 한 사람이 사용할 수 있는 공간을 만들었고 작은 책상도 있었다. 학생들의 옷과 소지품은 사각 통에 넣어 선반 위에 뒀고 물건이 흩어지지 않게 주의를 시켰다. 일과와 규칙은 꽤나 엄격했다. 여름학기와 겨울학기로 나누었는데 일과는 다음과 같다. (여름학기; 2월 중순에서 10월 중순. 겨울학기; 10월 중순에서 2월 중순)

04:30	– 기상. 동절기는 5:30분 기상. 기상 후 사제들과 기도. 이하 시간은 동절기엔 1시간씩 늦춰 짐
05:00 ~ 06:00	– 기도. 미사
06:00 ~ 07:30	– 학습. 어린 학생은 라틴어 단어 암기
07:30 ~ 09:00	– 라틴어 숙제. 상급생이 하급생 라틴어 돕기
09:00 ~ 11:00	– 식사. 휴식
11:00 ~ 14:00	– 일본어 공부. 글쓰기
04:00 ~ 15:00	– 자유 시간. 음악 소질 있는 학생은 성가. 악기 연습. 다른 학생은 휴식
05:00 ~ 16:30	– 라틴어 공부. 작문과 문장 낭독
17:00 ~ 19:00	– 석식 후 휴식
19:00 ~ 20:00	– 라틴어 복습과 다른 학습
21:00	– 하루 반성과 기도

이것이 평일의 일과였다. 토요일 오전엔 라틴어를 하고 오후는 휴식이나 영적 지도를 받게 했다. 전례에 따른 축일이 되면 점심식사 후 별장에 가서 자유롭게 지내기도 했다. 일과표를 보면 현재 유럽의 신학교 기준임을 즉시 알 수 있다. 라틴어 중심 학습이라는 점이 특히 돋보인다. 교양과목으로 일본어와 일본 문학을 가르쳤음도 알 수 있고 이는 미래의 사목활동을 위한 조치였다. 인재 양성에 주력한 발리냐노의 의도를 알 수 있다. 기숙사의 식사와 오락도 보자. 평일 식사는 일본식으로 국 한 그릇에 채소나 생선 한 마리였다. 주일과 축일에는 접시 하나를 더 놓아 과일이나 후식을 곁들였다. 식사 중에는 수사가 라틴어나 일본어로 독서를 하면 학

아리마 신학교(세미나리오) 터

생들은 식사하면서 들었다. 이것은 서구의 수도원에서 지금도 하고 있는 수도원 식당의 독서 관습이다. 숙소는 앞서 기록한 것처럼 작은 책상과 다다미 반 정도의 칸막이가 쳐진 방이었다. 작은 책상이 있는 그곳에서 잤다. 밤새워 공부하기 위해 촛불도 밝혔다. 목욕은 여름엔 매일, 겨울은 이틀에 한 번, 세탁물과 바느질거리는 외부에서 오는 부인들이 도와주었다. 외출은 둘씩 짝지어 나갔다. 특별한 경우 예컨대 부모의 병환이 아니면 자택 귀가는 허락되지 않았다. 불가피하게 가야 할 필요성이 있을 경우 직원이나 동료를 동행하게 했다.

축일에는 오락이나 산책을 했다. 아리마의 강이나 아리아케 바다에서 수영도 허락되었고 간식으로는 떡이나 과일이 나왔다. 발리냐노는 학생들의 교과서에도 신경을 썼다. 아리스토텔레스나 그 밖의 비 그리스도교 저자의 책은 사용하지 않도록 교사들에게 명했다. 음악에 재능 있는 학생들에게는 클라비코드나 기타 그리고 모노 코루데오 같은 서양악기 연주를 배우게 했다.

1기생 22명 학생들이 처음 배우는 라틴어가 얼마나 고통스러웠을지는 알 만하다. 생전 처음 다루는 서양악기의 아름다운 선율과 음색의 조화를 얼마나 경이로운 마음으로 들었을지도 상상할 수 있다. 하지만 이런 악기의 연주가 이들이

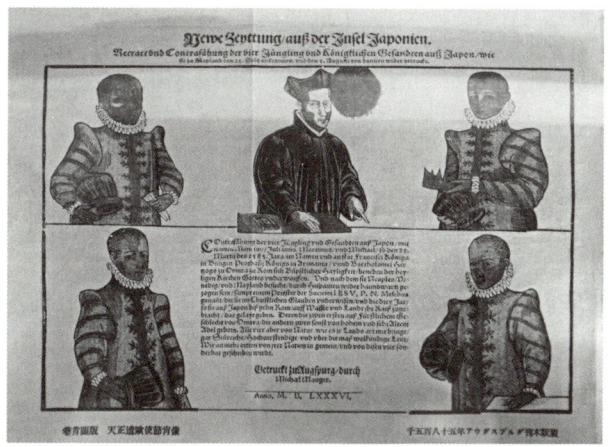

소년 사절단

처음은 아니다. 프로이스가 저술한 『일본사』를 읽어 보면 이미 요코세우라에서 바이올린을 연주한 일본 소년이 있었다고 한다.

1기생 입학 당시 일본인을 위한 교과서는 없었다. 숙련된 교사도 부족했다. 라틴어 성적이 향상되지 않았다는 점은 당연한 일이다. 이듬해 덴쇼견구소년사절단[10] 일원으로 출국했던 이토 만쇼와 하라 마르티노가 라틴어 지식이 빈약했다는 점을 봐서도 이해할 수 있는 일이다.

라틴어 실력은 저조했지만 22명은 아리아케 바다가 보이

---

[10] 발리냐노 신부가 아리마 신학교 학생 4명을 유럽에 파견하였다. 이후 소년단으로 약칭. (역주)

는 기숙사 언덕에서 서구의 문화라는 과일을 처음 맛본 일본 소년들이다. 22명의 이름을 모두 알고 싶어 하는 사람이 유독 나만은 아닐 것이다. 다음 7명을 제외하고는 1기생의 이력은 물론 이름조차 파악할 수 없음이 유감이다.

❶ **이토 만쇼**: 잘 알려졌듯이 발리냐노 신부가 기획한 소년사절단 멤버로 로마에 파견되었다. 1570년 휴가의 도노쿠리에서 태어났다. 이토 가문은 전국시대 세력가였지만 시마즈 세력에 의해 몰락하고 만쇼는 고아와 같은 신세가 되어 우스키 성당에서 그를 보호하고 있을 때 방문차 갔던 발리냐노가 신학교로 보냈다. 당시 그의 나이 10살.

❷ **나카우라 줄리안**: 줄리안도 소년사절단 일원이다. 1567년 오무라 스미타다의 영지 나카우라에서 출생. 13살에 1기생으로 입학했다.

❸ **하라 마르티노**: 역시 소년사절단 일원이다. 1568년 오무라의 하사미 마을에서 출생. 12살에 입학했다.

❹ **니시 로마노**: 1570년 아리마에서 출생 10살에 입학했다.

❺ **가타 뽀로**: 니시 로마노와 같다. 1570년 아리마 출생. 10살에 입학했다.

❻ **미조구치 아우구스티노**: 1568년 오무라 출생 12살에 입학했다.

❼ **치지와 미게루**: 운젠산 아랫마을 치치와 출생. 미게루는 그의 세례명이고 이토 만쇼와 동행한 소년사절단 일원이다

    15명 학생의 이름과 출신은 알려지지 않고 있다. 그들 역시 7명과 같은 또래의 10살부터 13살 정도였을 것이다. 그들은 1차 교육을 받은 후 성적 여부에 따라 상급반에 진급했을 것이다. 개교 당시 교사와 교과서는 많이 부족했다. 발리냐노 예상대로 성적은 좋지 않았다. 문제 해결을 위해 발리냐노는 즉시 유럽과 인도에서 교사를 불러 모았다. 초대 교장은 멜키올 데 모라 신부로 스페인 카라바라 출신이다. 1577년 일본에 입국했고 1580년 개교 후 10년간 직책을 맡았다. 학생에 대한 정보가 없듯이 교장에 대한 기록도 이름 외에는 불분명하다. 4년 뒤부터는 모라 신부 외 포르투갈인 안토니오 디아스 신부와 라틴어 교사로 존 데 미란 수사가 있었다. 철학은 다미안 마리무 신부가 가르쳤고 윤리는 안토니오 아르바레스 수사가 담당했다는 기록이 남아 있다. 개교 때는 한두 명의 교사만 있은 듯하다. 열 살 남짓한 소년들이 서양 윤리와 철학 이념을 소화한다는 것은 무리였다. 아마도 기초교리를 가르쳤을 것으로 생각된다. 난생처음 라틴어를 배우는데 사전도 참고서도 없이 배우는 소년들의 고통이

미리 짐작이 된다. 어떤 방법으로 매일 습득해 갔을지 흥미가 돋는 생각이지만 알 만한 자료는 없다. 그들은 어떻게 서양 악보를 익혀 갔으며 기타와 클라비코드 같은 악기를 다루었을지 이 또한 아무런 자료가 없으니 안타깝다. 같은 해 설립된 아즈치 신학교에서 있은 일이다. 어느 날 오다 노부나가가 갑자기 방문한다. 이때 프로이스는 다음과 같은 기록을 남겼다. 음악 학습을 상상해 볼 수 있는 자료다.

> 노부나가는 불시에 우리 학교를 방문했다. 무질서와 불결함을 싫어했던 그는 학교가 청결하고 정리되어 있음을 확인하고자 예고 없이 찾아온 것이었다. 우리는 몹시 놀랐다. 그러나 모든 것이 깨끗하게 정돈되어 있었기에 지적할 것은 없었다. 그는 최고층까지 올라가 봤다. 시계와 클라비코드와 비올라를 눈여겨보더니 연주해 보기를 청했다. 연주가 끝나자 학생의 연주를 흡족해하는 듯하였다. 클라비코드를 연주한 학생은 휴가의 이토 스케카쓰였는데 아리마 신학생 이토 만쇼의 사촌동생이었다. 노부나가는 클라비코드와 비올라를 연주한 학생을 차례로 칭찬하였다. 일본에 들어온 악기 중에서 일본인이 가장 마음에 들어 하는 악기는 오르간과 클라비코드 그리고 비올라다. 두 대의 오르간이 아

즈치와 분고에 있고 클라비코드는 여러 곳에 두어 학생들이 연습하게 했다.

노부나가는 정치적 목적으로 불교 세력을 약화시키려 했다. 그래서 남만선을 입항시켰고 해상무역을 통해 이익까지 남겼다. 그런 이유로 선교사를 환영하고 보호했던 것이다. 그러나 그는 그리스도교 신앙인은 아니었다. 하지만 노부나가 시대에 그리스도교가 개화된 것만은 확실하다. 발리냐노는 아즈치와 아리마에 신학교를 세웠고 이듬해에는 오토모 소린의 땅 후나이(현재의 오이타)와 우스키에도 콜레지오를 건립했다. 그의 계획은 면밀하게 현실로 착착 진행되어 가고 있었던 것이다.

02

너무나 짧았던 봄

1580년 여름에 개교한 아리마 신학교는 순조롭게 시작되었다. 하지만 일본어가 서투른 외국 선교사가 가르쳤던 라틴어는 학생들을 당혹하게 했을 것이다. 어쩌면 라틴어보다 서양악기를 배우는 것이 더 소년들에게는 쉬웠을 것이다. 수업 광경을 목격했더라면 웃음을 터트리지 않으면 안 될 여러 상황들이 교실에서 펼쳐졌을 것이다. 풋풋한 바다 정취가 배어 있는 시골 마을이었다. 어부들과 가신들은 매일 똑같은 감청색 교복을 입고 바닷가 별장으로 가는 신학생들을 바라봤을 것이다. 그들 눈에는 호기심 또한 가득했을 것이다. 그런데 신학교 주변은 평화롭지만은 않았다. 신학교 설립 전부터 북쪽의 사가 마을을 거점으로 류조지 다카노부 다이묘 세력이 아리마 영주의 땅 시마바라에 침입해 오고 있었기 때문이다.

류조지 세력은 아리마 하루노부 영내까지 손을 뻗어 내통자가 나오고 있는 상황이었다. 다음은 발리냐노의 기록이다.

> 내가 도착한 후 주군(아리마 하루노부)을 그리스도교에 입교하도록 계속 권유하고 있다. 그런데 어느 날 얼마 전에 점령한 세 개의 성을 잃을 위기에 놓였다. 성을 지키던 신하들이 류조지 군사에게 살해되었고 일부는 류조지 쪽으로 돌아섰기 때문이다. 몇몇 호족들은 영지 탈환을 위해 쿠데타를 일으켰고 그 와중에 견고한 성 하나를 류조지에게 넘기고 말았다.

다행스럽게도 신학교가 설립될 즈음에는 다섯 달 동안 계속되던 류조지와의 전투가 소강상태에 있었다. 일단은 평온한 상태를 되찾은 것이다. 하지만 지속적인 평화는 아니었다. 세상은 문자 그대로 전국시대였다.

이제 열 살을 갓 넘긴 생도들은 어제의 승자가 망하는 것을 보았고 오늘의 화려한 인물이 몰락하는 것도 보았다. 어른들의 일상을 눈으로 확인하고 몸으로 체험했다. 수련소 원장이었던 라몬 신부는 이러한 보고서를 남겼다.

1기생 이토 만쇼는 분고의 영주 오토모 소린의 외척이다. 만쇼 아버지는 오토모 소린과 시마즈와의 전쟁에서 참담한 패배로 전사했고 어머니는 떠나가 고아가 되었다. 윗옷 하나 겨우 걸친 고아를 내가 데리고 왔다.

이토 만쇼와 비슷한 학생들은 재학생 중에도 있었을 것이다. 참담한 불행을 겪지는 않았더라도 세상의 변화가 무쌍함을 수없이 목격했을 것이다. 그 시대의 작가 아빌라 히론은 "일본의 소년들은 일찍 어른이 된 것 같다."라고 감탄한 적이 있다. 이곳 신학생들도 어쩌면 인생의 허무를 몸으로 체험했다고 말할 수 있을 것이다. 류조지의 불시 침공이 언제 있을지 모르는 상황이었지만 소년들은 전쟁과 무관하듯 라틴어와 서양음악을 배우고 있었다. 태어나 처음으로 먼 나라들의 과일도 먹어 봤다.

신학교 교사들은 변화무쌍한 현세에서 영원한 것은 무엇이며 불변의 존재는 누구인지 가르쳤을 것이다. 군주와 친척 그리고 형제까지도 믿을 수 없는 전국시대였다. 그런 상황에서 누구를 믿을 것인지 하나하나 분명히 가르쳤을 것이다. 소년들은 가르침을 경청했고 마음에 새기면서 물들어 갔을 것이다. 순찰사 발리냐노는 전국이 평온치 못한 불안한 시국에 아리마 신학교를 세웠다. 그의 뛰어난 능력이다. 1580년 9월 그는 교사와 학생들과 작별하고 신자 다이묘 오토모 소린의 땅 분고를 향해 떠났다. 그런데 당시 분고는 시마즈 군대와 서쪽의 류조지 세력의 탄압을 받고 있었다. 분고 영지에서 그리스도교로 개종하는 자들이 생기자 불교 무사단이 불만을 품고 있었던 것이다. 아무튼 이곳은 선교사들의 노고가 결실을 맺어 기리시탄 왕국이 되어 가고 있었다. 발리냐노는 분고에 있는 수련원(노비시아)을 시찰했다. 이번 성탄절 그곳에 일본인 6명이 입학할 예정이었기 때문이다. 발리냐노의 일본인 교육 계획은 이렇게 진행되고 있었다.

발리냐노 순찰사는 분고에서 배를 타고 키나이로 갔다. 그곳에서 다카야마 우콘 부자와 기리시탄 무장들의 환영과 교토에서는 오다 노부나가와의 알현도 계획되어 있었다. 발리냐노 일행 속에는 잡무를 위해 인도 고아에서 데리고 온 흑인이 있었다. 소문이 퍼지자 교토의 호기심 많은 사람들이 흑인을 구경하러 미야코 성당까지 몰려왔다. 괴물 인간이 온 줄 알았던 모양이다. 냉정한 성격의 노부나가조차도 처음 본 흑인에게 흥미를 느끼곤 상반신을 씻기라는 명령을 내리기도 했다. 씻어도 피부색이 변하지 않자 놀라워하면서 그를 자기에게 주기를 요청했다고 한다. 노부나가는 서구의 힘과 다양함을 알지 못하고 있었다. 동양 진출을 노리는 서구의 세력을 잘 모르면서 서양 외교를 생각하는 일은 아무래도 성급한 시도였다.

노부나가의 목표는 전국시대 일본을 통합하는 것이었다. 그런데 그를 괴롭히며 자존심에 상처를 낸 조직이 있었다. 잇코잇키[11]의 불교 세력이었다. 그런 이유로 기리시탄 선교사와 그리스도교를 이용해 그들을 제압하려 했다. 물론 신불을 믿지 않던 전국시대 사람들이 선교사가 설교하는 데우스(하느님)와 그리스도를 믿은 것은 아니다. 그들의 계획은 '이용할 수 있는 것은 이용하고 이용 가치 없는 것은 버린다.'는 프래그머티즘에 입각한 사고의 소유자로 선교사를 이용하려 했다.

한편 발리냐노 역시 일본 포교를 위해선 권력자를 이용해도 된다는 생각을 갖고 있었다. 두 사람이 어떤 속마음으로 첫 회동을 했는지 흥미롭다. 노부나가는 지금까지 만났던 프로이스나 오르간디노 신부와 달리 당당한 체구에 걸출한 인물인 발리냐노를 한눈에 간파했을 것이다. 발리냐노 역시 노부나가는 지금까지 만났던 규슈의 다이묘들과는 전혀 다른 차원의 지도자임을 느꼈을 것이다. 노부나가는 4월 1일 미야

---

[11] 一向一揆: 전국시대 각지에서 결성된 일종의 불교도 봉기조직. (역주)

코에서 발리냐노를 화려한 열병식에 초대하였다. 또 자신의 성곽인 아즈치성을 자랑하고 싶은 마음에서 구석구석 안내했다. 최대의 예를 갖추어 대우했던 것이다. 그러면서 순찰사의 청을 받아들여 아즈치성 가까이에 수도원과 신학교 설립을 허락했다. 노부나가의 허락으로 아즈치 수도원 공사는 급속히 진행되었고 마을에서는 아즈치성 다음가는 큰 건물로 모습을 드러냈다. 3층 구조의 건물이었는데 수도원의 가장 높은 층이 신학교였다. 키나이 지구장 오르간디노 신부가 교장으로 임명되었고 라틴어는 가리온 신부와 메스키다 신부가 맡았다. 이 학교의 수업 과목과 학생들의 일과는 아리마 신학교와 같았다.

하루노부가 어느 날 매사냥을 하고 돌아오는 길에 갑자기 신학교에 들러 2명의 학생이 연주하는 서양음악을 관심 있게 들은 적이 있었다. 학생들은 긴 시간 터득해야 할 라틴어보다 음악 공부에 더 빨리 적응한 것이 분명하다. 1년 정도 분고와 키나이를 방문한 발리냐노는 사카이에서 다시 분고와 히젠을 경유한 뒤 아리마로 돌아왔다. 오무라의 스미타다와 아리마의 하루노부는 순찰사의 귀성을 성대하게 축하해 주었다. 스미타다는 연극을 준비했고 아리마 신학교에선 장엄한 성극과 축하식을 베풀었다. 신학교는 그림과 꽃들로 화려하게 장식되어 있었다. 생도들은 미사에서도 노래를 불렀다. 그러면서 순찰사가 1년간 부재했던 기간 동안 학업에 열중했다는 증거로 학생들은 발리냐노 앞에서 라틴어를 암송했다. "그들은 현명하고 겸손할 줄 안다. 사물에 대한 관찰력이 예민하고 학업에 열중하고 있음에 경탄할 뿐이다." 당시 순찰사 발리냐노의 기록이다.

아직 어린 소년들이지만 어른처럼 3, 4시간 동안 자리에서 떠나지 않고 라틴어를 해석하고 읽기와 쓰기도 한다. 다수의 소년들이 악기를 연주하고 성가를 배우고 의미를 모르면서도 암송하고 있다.

한편 류조지 다카노부는 아리마를 계속 노리고 있었지만 1581년부터는 소강상태를 유지하고 있었다. 2년 내지 3년간 소강상태가 유지되자 학생들은 발리냐노의 지도하에 공부에 전념할 수 있었다. 예수회 창립자 로욜라의 충실한 후계자인 발리냐노는 또 다른 창립 멤버 프란치스코 하비에르의 선교 방법을 따랐다. 일본의 첫 선교사인 하비에르는 일본인 유학생을 유럽에 보낸 적이 있다. 청년의 일본 이름은 기록에 없고 베르나르도라는 세례명과 사쓰마 출신이라는 것만 기록되어 있다. 일본인의 우수한 자질과 훌륭한 두뇌를 발리냐노는 예리하게 지켜보았던 것이다. 일본에 온 직후부터 유럽으로 학생들을 보낼 생각을 가졌음이 분명하다. 때가 되면 이곳 신학교 졸업생들로 구성된 소년사절단을 유럽에 보내겠다는 생각이다. 하지만 구체적인 계획이 언제부터 발리냐노의 마음에서 싹텄는지는 알 수 없다.

신학교를 건립하고 키나이의 여행과 교토의 문화를 접한 후 발리냐노는 아리마로 돌아왔다. 일본인의 우수함을 재차 인식했던 여행이었다. 그는 동시에 유럽의 문화를 전혀 모르는 그들에게 서구의 문화를 알려 주고 그리스도교의 활성화된 모습과 화려한 도시들도 보여주고 싶었을 것이다. 그래서 발리냐노는 어른이 아닌 소년들을 선택했을 것이다. 구름이 끼지 않은 순수한 눈으로 서구사회를 보고 오도록 4명의 소년을 선발했을 것이다. 1기생이었던 이토 만쇼와 치지와 미게루 그리고 하라 마르티노와 나카우라 줄리안이다. 발리냐노는 훌륭한 유럽만 보여주고 좋지 않은 유럽은 감추고 싶었다. 순수한 눈을 지닌 소년들이 유럽의 훌륭함을 보고 신앙의 초석이 되어 소년들이 장래 일본 선교의 밑거름이 되기를 순찰사는 희망했을 것이다.

발리냐노는 네 소년들을 오토모 소린과 오무라 스미타다

그리고 아리마 하루노부 등 기리시탄 다이묘의 대리인으로 선발했다. 고아였던 이토 만쇼를 오토모 소린의 혈통인 듯 유럽에 허위 보고 한 것은 유럽인에게 권위와 관심을 주목시키기 위한 선의의 의도였다. 하지만 이 사실은 훗날 다른 수도회와 예수회 신부들에게 비난을 받았다.

1기생 4명은 사절로 선발되었다. 아무도 다녀온 적 없는 미지의 유럽 각국을 순회하며 로마에서 교황을 알현하는 것이다. 이러한 결정은 학교 설립 이후 아리마 신학교를 뒤흔드는 큰 사건이었다. 신학교뿐 아니라 히노에 성과 마을에서도 놀라운 화제가 되었다. 하지만 네 소년들은 자랑보다는 불안감을 더 많이 느꼈을 것이다. 교사와 신부들은 소년들에게 세계지도와 방문할 나라들을 보여주며 그곳에 관한 지식을 알리고 준비를 시켰다. 하지만 소년들은 실감도 나지 않고 상상도 되지 않았을 것이다. 결정 이후 출발까지는 오래 걸리지 않았다. 키나이에서 11월 하순 경 아리마에 돌아온 발리냐노는 2월 하순 소년단을 데리고 빠른 시일 내 일본을 떠날 계획을 세웠다. 소년들의 부모는 예기치 못한 일에 놀라 아들과의 이별이 영원한 것인 양 애통해하자 발리냐노는 직접 치지와 미게루의 어머니를 설득시켜야 했다. 충분히 상상할 수 있는 일이다.

　1582년 2월 20일. 네 명의 소년들은 각자 자신이 소속된 영주를 대신하는 대사 자격을 받았다. 발리냐노는 소년들과 함께 나가사키 항에서 출항했다. 소년단 이외의 동행인은 아즈치 수도원의 디에코 데 메스키다 신부와 일본인 수사 죠르제 데 로욜라였다. 그리고 다른 2명의 일본인이 있었다. 처음 배를 타는 여행이었지만 즐겁지 않았다. 동중국해 바닷길을 항해하는 일은 지금도 힘든 코스다. 바다 여행에 익숙하지 않은 사람이라면 당연히 고통과 괴로움을 견뎌내야 한다. 당시의 선박 상황은 지금과 많이 달라 상상을 초월하는 고통이 수반되었다. 지독한 뱃멀미, 구미에 맞지 않는 식사, 전염병(말라리아)과 태풍, 온갖 악조건 속에서 계속되는 여행이었다. 그런 상황을 어린 소년들이 어떻게 인내하며 견뎌냈을지 상상해 본다. 나중에 그들은 서양 제국이 동남아시아를 식민지로 지배하는 것을 목격한다. 당시 그들의 나이는 14살, 정의를 판단하기 어려운 나이였다.

　우리의 여행 기록 즉 『덴쇼 연간 유구 사절 견문 대화록』은 사절단 소년들이 솔직하게 자신들의 감상을 적은 회고록은 아니다. 발리냐노가 편집한 문서로 보는 것이 옳다. 훌륭한 유럽을 보여주려는 발리냐노의 계획이 들어 있는 문서다.

하지만 소년들은 여행을 통해 서양의 식민지가 된 아시아의 땅을 목격했다. 백인들에게 학대받는 황색인들의 비참한 모습도 보았다. 그들은 하느님의 영광도 느꼈으나 기독교를 표방한 이들의 죄악도 봤다. 소년단의 한 명이었던 치지와 미게루는 귀국 후 결국 배교했다. "기리시탄 종교를 겉으로는 후세극락을 얻는 종교라고 하나 사실은 나라를 빼앗는 종교다." 그가 남긴 말이라고 한다. 배교 이유 중 하나가 유럽에 도착할 때까지 목격하고 체험한 것들 속에 있었는지도 모를 일이다. 이런 문제는 늘 신학교 졸업생들에게 피할 수 없는 무거운 짐이 되었다.

발리냐노 순찰사와 사절단 4명을 태운 배가 나가사키를 출항해 수평선 저쪽으로 사라진 다음 신학교에 남은 학생들은 다시 조용한 학습 분위기로 돌아왔다. 하지만 라틴어 수업은 서서히 난관에 부딪치고 있었다. 라틴어는 점점 더 어려워졌고 성적 또한 초기만큼 오르지 않았다. 익숙하지 못한 교수법도 원인이었지만 교과서와 사전이 갖춰지지 않은 것도 문제였다.

학교의 부족한 조건은 계속 드러났다. 그런데도 아리마의 바다는 여전히 태양으로 빛나고 평화로웠다. 영지 내에선 일시적인 소강상태가 유지되고 있었다. 이 해 2기생들이 뒤를 이어 입학했다. 다음은 우리가 알고 있는 2기생 명단이다. 오무라 출신 다이타오 만쇼. 히라도의 호리에, 레오나르도, 오무라의 미나구치 마챠스. 특히 다이타오와 호리에는 음악 성적이 뛰어났다.

학교 설립 후 2번째 개교기념일을 맞이하는 6월에 갑자기 미야코로부터 예기치 못한 급보가 도착했다. 아리마 신학교와 자매학교라 불리는 아즈치 신학교가 파괴되었다는 소식이다. 선교사들에게 호의를 베풀던 오다 노부나가가 아케치 미쓰히데의 쿠데타로 자살했다는 비보였다.

성당은 노부나가 숙소와 길 하나 사이에 있다. 새벽 미사를 드리기 위해 내가 제의를 입고 있는데 신자들이 달려왔다. 노부나가 진영에 소요가 있다. 중대한 일이 벌어지고 있는 것 같으니 잠시 기다려 달라고 했다. 조금 있더니 총소리가 들리고 불길이 치솟았다. 소요는 거짓이 아니었다. 아케치가 반역을 해 노부나가를 포위했다는 소식이 왔다.

당시 교토에 있던 카리온 신부의 기록이다. 그날 저녁 아즈치의 충격은 대단히 컸다. 3일 후 아케치 미츠히데가 아즈치에 입성했을 때 주민 대부분은 도망갔고 아즈치 신학교와 수도원도 약탈당했다. '문, 창, 각 방의 장롱, 성당 신축을 위해 모아 놓은 목재까지 빼앗겼다.'(프로이스『일본사』에 적힌 당시 상황이다.) 교장 오르간디노 신부와 학생들은 먼저 오키노 섬으로 피신했다가 교토 성당으로 옮겨갔다.

그러나 교토의 장소는 협소했다. 학생들은 답답해했다. 그들을 수용할 장소가 없다. 오르간디 신부는 소년들이 안전하고 편안하게 지낼 장소가 없을까 고민하다 다카야마 우콘과 그의 부친 다리오에게 문의했다. 우콘 부자는 여러 상황을 고려해 볼 때 자신들의 영지 오쓰키보다 적당한 곳은 없을 것이라 했다. -(프로이스『일본사』)

발리냐노와 4명의 소년들은 아케치 사건이 일어났을 때는 마카오에 도착해 있었다. 소년들은 미카오의 예수회 사제관에 머물면서 세미나리오 수업처럼 라틴어와 포르투갈어 그리고 일본어와 음악을 익히고 있었다. 발리냐노는 전부터 친숙하게 지냈고 자신을 호의적으로 대해 줬던 노부나가의 죽음을 안타깝게 여겼다. 소년들에게는 차분하게 알렸을 것이다. 미야코의 비보는 아리마와 멀리 떨어진 곳에서 일어난 일이었지만 규슈의 선교사들에겐 우울한 사건이었다. 그런 속에서도 다카야마 우콘의 보호 아래 오쓰키로 이전한 신학교는 서서히 자리를 잡아갔다. 6~7명의 신입생도 입학했다. 그중에는 오우기 천황의 인척 되는 고관대작의 아들도 있었고 불자 출신의 19살 청년도 있었다.(프로이스 『일본사』)는 소식을 접한 규슈의 선교사들은 조금씩 안심이 되었다.

1582년 연보에 아리마 신학교에 대한 부관구장 코엘료 신부의 자랑스러운 기록이 있다.

지금 일본교회에는 큰 위로와 기쁨이 있다. 아직은 작으나 성과를 기대하는 일 중의 하나는 세미나리오 학생들이다. 그들 대부분은 지체 높은 가문의 자제들이며 성직자처럼 예모 있고 정결하며 겸손하다. 장상에게 걱정 끼치지 않고 잘 순종한다. 순찰사가 정한 일과를 철저히 실천하고 시간 낭비 없이 잘 사용하고 있다. 인문 과목 외에도 노래와 악기를 배우고 지정된 날에는 고해성사를 보며 희생과 보속을 바친다. 학생들이 외출할 때 이들의 참신한 태도를 보기 위해 주민들이 문밖으로 나오기도 한다. 그들의 모습에 감탄

과 찬사를 보낸다. -(프로이스 『일본사』)

확실히 이곳 아리마 성하마을과 신학교는 별천지였다. 마을은 아리아케 바다 특유의 습지대 주변에 모여 있었다. 볏짚 지붕을 엮은 집들이 옹기종기 모여 있는 마을이었다. 주민 가운데는 그리스도교로 개종한 이도 있고 개종하지 않은 자도 있었다. 언젠가 교장 모라 신부가 격분한 일이 있었는데 비개종자 중에 공공연하게 성매매한 자들 때문이다. 고기잡이 말고는 별다른 일이 없었기에 남몰래 돈벌이를 했다. 당시 이 지역엔 '가라유키상'이라 불리는 성매매 여성들이 있었는데 구치노즈 항구를 중심으로 후대까지도 있었다. 그런 지역 마을에 신학교가 있었던 것이다. 하지만 소년들의 청아한 노랫소리는 오르간 반주에 맞춰 매일 들렸고 라틴어를 배우는 소리도 들렸던 곳이다. 일본 전국시대에서 매력적인 서양 향기를 맡을 수 있는 작은 천국이 이 마을에 있었던 것이다.

발리냐노와 4명의 사절단이 유럽으로 떠나고 2년이 지난 1584년 3월경이었다. 조용하던 지역에 변란이 생겼다. 류조지 다카노부가 2만 5천의 대군을 이끌고 시마바라 북쪽 끝 고지로 항에 상륙하였다. 즉시 아리마의 히노에 성에 소식이

전해졌다. 성주 아리마 하루노부는 사쓰마 다이묘 시마즈에게 구원요청을 했고 그는 황급히 병사들을 아리마로 보냈다.

뱃길로 시마바라에 들어온 사쓰마의 시마즈 병사들은 갑옷과 투구를 번쩍이며 움직이기 시작했다. 그들의 무리가 성을 향해 나아갔다. 대열이 지나가자 아리마 마을엔 알 수 없는 섬뜩함이 서렸다. 성안의 사람들도 갑자기 공허함을 느꼈다.

> 아리마 성문을 닫으려는 환자같이 느껴지는 네다섯 명의 노인들이 나타났다. 교장 모라 신부는 수사 한 명과 수도원 직원을 데리고 밤새 부인들과 신학생들을 지켰다. 만일의 경우를 대비해 성당의 종을 비상종으로 정했고 성당 종이 울리면 모든 신부와 수사들은 비상 체제로 대응할 것을 명했다. -(프로이스 『일본사』)

아리마와 사쓰마 연합군은 시마바라에 배수진을 쳤다. 한편 류조지 병사들은 시마바라에서 3번째 성까지 1레구와 간격으로 병사를 빼곡하게 배열시켰다. 군사들 외는 아무것도 보이지 않았다. 아침 8시 전투가 시작됐다. 아리마와 사쓰마 연합군은 교묘하게 류조지 군사들을 바다 가까이로 유인했다. 늪과 작은 길만 있는 곳이었다. 그런 뒤 갑자기 대포와 화승총으로 공격하자 주력부대는 움직이지 못했다. 계속되는 공세에 류조지 군대는 힘을 잃어갔다. 오후 2시쯤 적장 류조지 다카노부는 시마즈 병사에 의해 살해되었고 류조지 군사들은 즉시 퇴각했다. 승전 소식은 빠르게 아리마 성에 전해졌다. 승리한 하루노부와 병사들이 돌아오자 귀향을 알리는 종소리가 자랑스럽게 울려 퍼졌다. 선교사들도 학생들과 함께 나와 밝은 얼굴로 그들을 맞이했다.

이 무렵 소년방문단은 아프리카 동쪽 해안을 따라 남하하고 있었다. 발리냐노 신부는 인도의 코친에 남았다. 예수회 총장이 발리냐노에게 인도 관구장으로 현지에 머물라는 지시를 내렸기 때문이다. 발리냐노는 소년단과 헤어졌고 소년단 책임자는 메스키다 신부로 임명되었다. 뜨거운 한낮의 더위를 견디며 항해하던 그들은 시마바라에서의 격전을 알지 못했다. 한편 키나이에서는 노부나가 계획대로 도요토미 히데요시가 세력을 키워가고 있었다. 그러나 아리마 신학교는 이런 일과는 무관한 듯 조용했고 신학기를 맞아 새로운 교사와 학생들을 맞이했다. 소년단은 아프리카 남단 희망봉을 돌아 1584년 7월 드디어 목적지 리스본에 도착했다.

포르투갈 수도 리스본에 일본인이 온 것은 이들이 처음은 아니다. 그들보다 먼저 리스본에 온 사람은 사쓰마 출신의 유학생이었다. 프란치스코 하비에르가 포르투갈에 보냈으나 아쉽게도 학업 도중 사망했다. 하지만 공적으로는 그가 리스본에 왔던 첫 일본인이었다.

태어나 처음 보는 서양의 도시. 소년들은 자신들이 짐작했던 것 이상으로 강렬한 충격을 받았을 것이다. 그들은 국왕을 리베리아 궁에서 알현했고 대주교를 만났으며 리스본 교외에 있는 신트라 성곽도 돌아봤다. 일본에서는 상상도 할 수 없는 환대였다. 며칠 동안 눈을 의심할 정도의 파격적인 초대를 받았고 공식 행사는 연일 계속되었다. 그들은 마침내 포르투갈을 떠나 스페인으로 갔고 국왕 펠리페 2세도 알현하였다. 일본에서 가져간 영주의 봉서도 조심스레 건넸다. 며칠을 머물다 그들은 스페인에서 이탈리아로 넘어갔고 1585년 3월 23일 숙원이었던 교황 그레고리오 13세를 바티칸 궁전 '제왕의 방'에서 알현하였다. 모두가 꿈같은 사건이었다. 네 소년의 마음에는 감동과 희열과 흥분이 물결치고 있었을 것이다. 그들의 이야기는 덴쇼 연간 『유구사절 견문대화록』에 잘 묘사되어 있다. 하지만 그곳에 나오는 미화된 체험이 전부는 아닐 것이다. 기록할 수 없는 구체적인 어려움도 상상해 봐야 한다.

그들의 감동과 경탄, 선발자로 유럽에 온 자부심 뒤에는 보이지 않는 내적 어려움이 있었을 것이다. 익숙하지 않은 생활을 인내하며 견뎌야 했고 주변의 칭찬도 커다란 짐이 될 수 있었다. 외로움과 긴장감은 애처로울 만큼 큰 고통이었음을 짚어 봐야 할 것이다. 소년들에게 여행은 전투에 임하는 병사들처럼 필사적인 사건이었다. 그리고 이 필사적인 체험을 통해 서구를 보았고 기독교 자체의 오류를 본 것은 아니다. 좋고 나쁨을 동시에 체험한 두 얼굴을 여행 중에 목격했던 것이다. 소년들에게는 늘 안내자들이 동행했다. 다음은 발리냐노 신부가 안내자에게 내린 지시다.

> 좋은 것만 보여주고 나쁜 것은 가능한 한 보여주지 말라. 배우지도 못하게 하라. 중요한 것은 그들이 받은 감화로 유럽의 그리스도교를 높이 평가하고 돌아가게 해야 한다.

발리냐노의 이 발언을 현대의 우리가 접하면 소년들에 대한 그의 애정과 선의를 엿볼 수 있다. 그러나 다른 면에서 보면 발리냐노의 유럽 제일주의와 유럽 중심주의를 인정하지 않을 수 없다. 하지만 소년들은 판단력 없는 철부지가 아니었다. 그들은 같은 황인종 국가들이 기독교 국가에 유린되고 정복당한 흔적을 여행지에서 자주 목격했다. 소년들은 그것을 어떤 느낌과 감정으로 바라봤을까. 견문대화록에는 자세한 설명이 없다. 하지만 소년들은 이 문제에 대해 서로 의견을 나누었을 것이다. 혹여 자신의 생각을 드러내지 않았거나 억제하여 털어놓지 않았다 해도 한 인간의 마음 안에는 은밀하게 생각하는 부분이 있기 마련이다. 그 점은 소년들의 귀국 후 그들의 운명이 암시해 주고 있다. 네 명의 소년 중 세 소년은 성직자의 삶을 살았으나 치지와 미게루는 신학교에 복학 후 박해 시기에 신앙을 포기했다.

그리스도교를 떠난 동기나 심리적인 이유를 함부로 단언할 수는 없다. 그가 유럽의 긴 여정에서 자신이 본 것들이 배교로 이어진 끄나풀은 아니었을까라는 추측을 해볼 만하다. 만약 그렇다면 발리냐노의 선의가 치지와에게는 혼란으로 바뀌어 역효과를 초래했다고도 할 수 있다. 3년 반 동안의 여행을 마치고 그들은 귀국길에 오른다. 1586년 리스본에서 배를 탔다. '산 펠리페'호였다. 그해는 히데요시가 규슈정벌 작전을 착수해 전국 통일의 절반을 달성한 해였다. 간파쿠(関白) 히데요시는 노부나가만큼 기독교에 호의적이지는 않았다. 그렇지만 키나이와 규슈의 선교사들은 그에게 나름대로 기대를 걸고 있었다. 히데요시가 선교사들의 활동을 묵인하였고 그 가신 중에는 다카야마 우콘과 고니시 유키나가와 같은 기리시탄 무장들도 있었다. 특히 1586년 5월 그는 교토에 상경한 예수회 부관구장 코엘료와 성직자 30명을 오사카성에서 환대한 적이 있었다. 직접 화려한 성안을 속속들이 보여주고 향연을 베풀면서 다음과 같이 말했던 것이다. 선교사들은 그것을 기억하고 있었다.

> 나는 장차 중국을 정복한다. 그 땅에 도착하면 기리시탄 교회를 세우고 중국인들 모두 기리시탄이 되도록 명령할 것이다. 그런 뒤 나는 일본에 돌아올 것이다. 일본인 거의 절반이 기리시탄이 될 것이다.
>
> 나는 파데렌(신부)들이 오사카성 건너편에 사는 혼간지(本願寺)의 불승보다 바르다는 것을 안다. 당신들은 불승과는 다르게 정결한 생활을 하고 추악한 짓을 하지 않기 때문이다. 이 점은 확실히 알고 있다. 나도 기리시탄 가르침을 듣고 있는데 모두 만족한다. 혹여 당신들이 여러 부인을 두는 것을 금하지 않는다면 나도 기리시탄이 될 것이다. -(프로이스 『일본사』)

부관구장 통역을 맡은 프로이스가 직접 들은 히데요시의 이 말은 정치적 발언이었다. 히데요시도 노부나가처럼 자신의 이익을 위해서라면 이용 가능한 것은 이용하고 이용 가치가 없을 때 즉시 포기하는 비정한 정치가였다. 히데요시 속삭임 뒤에는 조선 침략과 중국 침략의 계획이 감추어져 있었다. 따라서 그의 발언은 때가 되면 선교사들이 서양 배를 제공해야 한다는 암시와 남만무역의 이윤을 위해 도움을 청하겠다는 발언이기도 했다. 그리고 지방 기리시탄 무장들에게 속내를 드러낸 말로 그들을 침략 작전에 참여시키겠다는 것이었다. 선교사들과 동석했던 우콘은 감언이설에 숨어 있는 히데요시의 무서운 폭력을 충분히 감지했다. 그러나 부관구장 코엘료와 프로이스는 다카야마 우콘만큼 권력자의 정치성을 꿰뚫어 보지 못했다. 그것은 회담 분위기를 기록한 프로이스의 다음 문장에서 확실히 엿볼 수 있다.

"이용할 수 있는 모든 것은 이용하고 이용 가치가 없어지면 헌신짝처럼 버린다는 방침은 히데요시가 예전의 주군 노부나가에게서 배운 계책이었다."

류조지 다카노부가 전사하자 공동으로 적군을 퇴치했던 사쓰마의 시마즈 가문과 오토모 가문은 이후 자기들끼리 싸우게 된다. 그러다가 1586년 오토모 소린이 미미가와에서 크게 패하게 되자 히데요시에게 도움을 청하러 오사카로 갔다. 히데요시는 규슈 정벌의 기회가 온 것으로 판단하고 그를 기꺼이 맞이했다. 한편 선교사들은 히데요시가 오토모 소린을 환영했다는 말을 듣고 기뻐한다. 하지만 히데요시의 정치적 함정이 숨어 있는 것은 전혀 몰랐다. 그렇다. 선교사들은 당대의 권력자인 노부나가와 도쿠가와 히데요시 그리고 다음 대의 이에야스가 얼마나 종교단체의 세력을 증오하고 있는지 조금도 몰랐던 것이다. 당대 권력자들을 괴롭힌 것은 자신들과 같은 전국시대 무장이 아니라 신앙 중심으로 결집된 잇코슈몬도들의 궐기였다. 잇코잇키는 승려와 신도들이 주체가 되어 일으키는 봉기였다. 이들이 얼마나 노부나가를 괴롭혔는지를 히데요시는 잘 알고 있었다. 잇코잇키의 기억이 히데요시에게는 기리시탄들의 활동과 오버랩되어 있었던 것이다. 그런 이유에서 몇 차례나 '일본에 온 신부들은 선교 이외 다른 의도를 갖고 있지 않음을 칭찬한다.'라고 했던 것이다. 선교사들에게 다른 생각 품지 말라는 간접 경고였던 셈이다. 그러나 선교사들은 이 경고에 민감하게 반응하지 못하고 무시해 버렸다. 히데요시의 공포정치를 읽어내지 못한 코엘료 중심의 일부 선교사들로 인해 교회는 서서히 박해에 직면하고 그 영향은 아리마 신학교 운명에도 지대한 영향을 미치게 되었다.

03

박해 시작

    히데요시 군대가 온다는 소식이 사쓰마에 도착하자 시마즈 요시히사는 용감하게 도전에 맞섰다. 일본 끝자락의 시마즈는 히데요시 세력이 어느 정도인지 가늠하지 못했다. 알았다 했더라도 선뜻 항복하지는 않았을 것이다. 아무리 히데요시 명령이라 해도 선조들이 피땀으로 확장한 영토를 단번에 넘길 리는 없기 때문이다. 이렇게 되자 규슈의 무장들은 술렁거렸다. 히데요시를 섬겨야 할지 시마즈와 힘을 합쳐 히데요시와 맞서야 할지 결정이 어려웠던 것이다. 규슈의 기리시탄 영주들은 시마즈 요시히사의 압력도 두려웠으나 그와 한편이 될 경우 히데요시가 영지 반환을 당연히 요구할 것이기에 이 또한 불안감을 가중시켰다. 류조지 다카노부와 생사를 건 전투를 마친 후 한동안 평화를 유지하던 아리마 영내에 다시 소요가 일어났다. 세상 변화와 무관하던 아리마 신학교도 전쟁이라는 커다란 파도에 휩싸이게 된 것이다. 물론 시마즈 군대도 강하지만 아리마 영주 하루노부와 나가사키 선교사들은 키나이의 동료들을 통해 히데요시 군대의 세력을 알고 있었다. 그러나 히데요시 군대에겐 비할 바가 못 된다. 부딪치면 전멸할 것은 뻔하다.

모라 교장 신부는 아리마 영주 하루노부에게 항복을 권했다. 그는 선교사들을 보호하고 있는 기리시탄 다이묘 오토모 소린과 하루노부가 전쟁에 뛰어드는 것을 원치 않았기 때문이다. 그러나 하루노부는 류조지와의 결전에서 시마즈 군의 도움을 받았기에 모른 체 할 수 없었다. 하루노부가 모라 교장 신부의 충고를 받아들이지 않자 두 사람 관계는 차갑게 되었다. 신학교에도 긴장감이 돌았다. 하루노부가 시마즈 편이 된다면 히노에 성에 있는 신학교는 전쟁터가 될 것이다. 모라 신부와 부관구장 코엘료 신부는 학생들의 안전을 위해 신학교 이전을 결정했다. 장소는 나가사키의 우라카미[12] 7년 전 류조지 침공에 두려움을 느낀 영주 스미타다가 우라카미 지역을 예수회에 기증해 예수회 땅이 된 우라카미에는 한센인 진료소도 두고 있었다. 가타오카 야키치 교수가 추정하는

---

[12] 浦上: 대대로 잠복 신자 마을로 현재 주교좌성당이 있다. (역주)

나가사키 우라카미 주교좌성당

신학교 장소는 현재 나가사키 의대 주변이다.

이렇게 신학교는 전쟁으로 피난길에 나서야 했다. 교직원과 학생 모두는 7년 동안 머물던 정든 학교와 기숙사를 뒤로 한 채 신학교 밖으로 나갔다. 그리하여 1587년 2월부터 우라카미의 임시학교로 이전해 전쟁의 불꽃이 삭을 때까지 있기로 한 것이다. 신학교가 떠난 후 아리마는 시마즈 편이 되어 히데요시와 맞섰다. 어느 날 기리시탄 무장 고니시 유키나가가 아리마로 왔다. 그는 히데요시 명으로 오무라, 아리마, 아마쿠사의 기리시탄 영주들을 무마하기 위해서다. 고니시 유키나가는 하루노부의 영지를 그대로 유지시켜 주겠다고 약속하자 하루노부는 태도를 바꾸어 히데요시 추종을 선언한다. 시마즈에게 등을 돌린 것이다. 이렇게 해서 아리마 영지는 불꽃 튀는 전란의 위기를 모면할 수 있었다. 그러나 우라카미로 옮긴 학교는 아리마 히노에 성으로 돌아가지 않았다. 모라 신부는 확실하게 평화의 시기가 돌아올 때까지 우라카미의 예수회 땅에서 학생들을 안전하게 지키는 것이 교장의 의무라고 생각했던 것이다. 히데요시 군대는 선교사들 예상대로 시마즈 세력을 차례로 격파했다. 사나운 시마즈 군대가 히데요시 측을 괴롭혔으나 대세는 이미 정해져 있었다. 이때 우라카미로 옮긴 학생들은 전쟁과 무관하게 라틴어와 오르간도 연주에 열중했다. 그렇지만 서서히 다가오고 있는 충격적인 사건에 대해 교사나 학생 모두 예측하지 못했다. 그 충격적인 사건이란 기리시탄 금교령이다.

히데요시는 1587년 6월 마침내 규슈를 진압했다. 개선한 관백 히데요시는 치쿠젠 하코자키에서 전쟁에 참가한 무장들에게 상을 내려 사기를 부추겼다. 그리고 조선 침략의 전초기지를 하카다(현재의 후쿠오카)에 설치하라고 고니시 유키나가에게 명령 후 19일 뒤에 느닷없이 기리시탄 금교령을 발표했다. 그날 밤 야스이 고자에몬과 고니시 유키나가는 가신 한 명을 하카다 만에 정박 중인 후스타선으로 보냈다. 200톤 규모의 후스타선은 포를 장착한 예수회의 선박으로 그 안에는 예수회 부관구장 코엘료 신부가 잠들어 있었

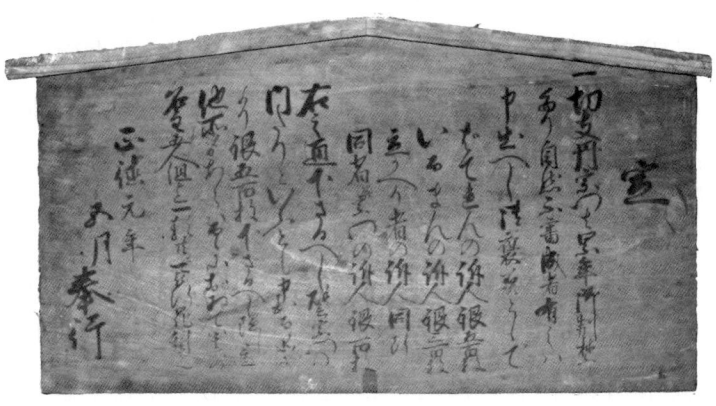

금교령

다. 잠자던 그를 바닷가로 데려와 히데요시가 내린 기리시탄 금교령을 전했다. 내용은 일본의 모든 선교사는 20일 이내로 본국으로 돌아가라는 명령이었다. 한편 히데요시는 기리시탄 무장 고니시 유키나가, 가모 우지사토, 구로다 요시타카, 다카야마 우콘에게 배교를 명령했다. 자신을 따를 것인지 신앙을 따를 것인지 양자택일하라는 것이었다. 고니시와 가모 그리고 구로다는 교회를 떠나기로 약속했다.

그러나 다카야마 우콘[13] 만은 아카시의 영토와 가신들을 히데요시에게 반환하고 신앙인으로 살기를 선언한 이후 신하 몇 명과 함께 아와지섬으로 떠났다.[14]

예상치 못한 히데요시 금교령으로 기리시탄 무장들의 영지와 선교사들이 사는 지역은 큰 타격을 받았다. 영주 우콘이 추방당했다는 비보를 받은 아카시 마을은 경악과 혼란의 소용돌이에 휩싸여 가신들의 가족은 가재도구를 운반하기 위해 마차와 손수레를 준비하고 배를 마련하느라 밤새 분주하게 움직였다.

키나이에서도 유명한 교토 남만데라(예수회 성당)를 비롯

---

[13] 高山右近: 다카즈키의 영주. 세례명 유스토. 일본교회의 초석을 다진 다이묘. 1614년 금교령으로 필리핀에 추방됨. 2017년 시복. (역주)
[14] 이 사이의 사정에 대하여는 졸저 『철의 항쇄(鉄の首枷)』 (중앙공론사)를 참조하였다.

해 모든 성당이 차례로 파괴되었다. 다카야마 우콘의 도움으로 아즈치에서 다카쓰키로 그리고 다시 오사카로 옮긴 신학교도 해산해야 했다. 오르간디노 교장신부 또한 학생들에게 선교사와 학교에 남을지 귀가할지 본인 의사에 맡겼다. 4~5명의 신입생을 제외한 25명 상급생 모두는 남기로 했다. '신부님들과 함께 죽음의 길을 결심한다. 그런 의지로 신학교에 입학했다'[15]고 응답했다.

히데요시는 우라카미 땅이 예수회 소유라는 것을 알고 선교사가 일본의 땅을 소유하고 있다면 그것은 식민지와 다를 바 없다고 생각해 예수회가 기증받은 우라카미 땅을 몰수하였다. 그리고 부하 도도 다카토라에게 기리시탄 왕국이라 불리던 오무라 지역의 모든 성당을 파괴하게 했다. 코엘료 신부는 즉시 선교사 추방령을 나가사키 신부들에게 알렸다.

신부들은 성당과 제단의 중요한 물품들을 정리하기 시작했다. 수도원과 성당의 중요한 제구와 가재도구들을 히라도로 옮기기 위해 두 척의 배를 준비했다. 그리고 밤을 이용해 조심스럽게 두 척의 배에 옮겼다.

코엘료 신부는 나가사키 교인들에게도 금교령을 알렸다.

---

[15] 예수회 1587년 연보

처녀들과 젊은 부인들 또는 친척 중에 미모의 여인이 있으면 사람들 눈에 띄는 곳에 나오지 않도록 했다. 히데요시 부하들이 교회에 있는 동안 여인들이 교회에 근접하지 않도록 당부했던 것이다. - (프로이스 『일본사』)

혼란 속에서도 선교사들은 추방령에 따라 타지방에서 히라도에 속속 모여들었다. 코엘료 신부는 히데요시 신하들에게 선물을 보내 탄압을 완화해 주길 청했다. 그러면서 기리시탄 무장 구로다 요시타카를 통해 히데요시 부인 키다노 만도코로와 접촉해 추방령 취소를 청하기도 했다. 그런 이유 때문인지 히데요시는 20일 이내 떠나라는 조건을 계절풍이 불고 마카오 정기선이 출항할 때까지로 연장하였다. 우라카미 임시 교정에서 공부하던 아리마 신학생들은 어떻게 되었을까? 확실한 자료는 없다. 다카쓰키 신학교와 마찬가지로 아리마 신학생들도 귀가하든지 신부와 동행하든지 본인의 결정에 맡겼을 것이다. 그리고 신부와 동행을 결정한 학생들은 히라도로 갔을 것이다.

히데요시는 규슈 전쟁이 한창일 때는 선교사들에게 관대했다. 그런데 왜 그의 태도가 바뀌었을까? 살벌한 사제 추방령을 발표한 이유가 무엇인지 지금도 학자들 사이에는 의문

점으로 남아 있다. 문서를 모두 열거할 순 없지만 발리냐노 보고서도 원인 중 하나로 여겨지고 있다. 그곳의 내용을 인용해 보려고 한다.

> 몇 년간의 전쟁으로 아리마와 오무라 그리고 분고의 신자 다이묘들은 어려움을 겪고 있었다. 그때 코엘료 신부는 그들을 도와주려 지나치게 개입해 무모한 일을 저지르기도 했다. 그중 하나가 류조지와 사쓰마 영주를 히데요시에게 복종시키기 위해 규슈 원정을 권유한 일이다. 분고의 오토모 소린과 아리마 영주 그리고 몇몇 신자 영주들을 결속시켜 히데요시 편이 되도록 약속했다.[16]

보고서에서 발리냐노는 코엘료 신부가 히데요시에게 경솔한 태도를 보인 것으로 기록하고 있다. 과거 히데요시가 경험했던 잇코잇키 무장 종교에 대한 두려움을 일으키게 했다는 것이다. 기리시탄도 똑같은 종교 집단으로 불안감을 줄 수 있는 세력으로 오인하게 했다는 점이다.

---

[16] 선교사의 일본 점령 계획에 대하여는 다카세 코이치로(高瀨弘一郎) 씨의 연구. 인용한 발리냐노의 서간 번역도 고이치로 씨의 번역을 사용하였다.

코엘료 신부는 포르투갈 출신으로 1570년 입국하여 오랫동안 일본에 머물렀다. 그의 모든 활동은 선교 효과를 높이려는 사명감의 판단에서 시작된 것으로 여겨진다. 그러나 자신을 지나치게 믿었고 정치적 성향도 상당히 강한 편이었다. 신부는 전쟁에서 돌아오는 히데요시를 대포가 실린 후스타를 타고 환영했던 적도 있었고 명나라와 전쟁을 하게 되면 포르투갈 선박 두 척을 제공하겠다고 건의하기도 했다. 결국 히데요시로 하여금 의혹의 웅덩이를 깊이 파도록 유인한 처사가 되었던 것이다. 히데요시는 한때 '일본에 온 신부들은 그리스도교 선교 이외는 '다른 의도를 갖고 있지 않음을 인정한다. 오사카성에서 칭찬'했던 적이 있다. 그런데 판이하게 다른 태도로 금교령을 내렸다. 하카다에서 반포한 추방령을 코엘료 신부는 철회해 줄 것을 히데요시 휘하 신자무장들을 통해 요청했다. 그러면서 한편으론 전쟁으로 맞대응할 결의를 굳혔다. 수년 뒤 일본으로 돌아와 작성된 순찰사 발리냐노 기록에 의하면 코엘료 신부는 아리마로 가서 하루노부와 고니시 유키나가와 같은 기리시탄 무장들에게 히데요시와 맞설 것을 권했다고 한다. "군자금과 무기와 탄약이 필요하다면 제공하겠다. 다량의 화승총과 화약 초석과 그 밖의 군수품도 준비하라."

코엘료 신부는 마쓰우라 다카노부의 중신으로 기리시탄이 된 고테타 야스츠네 같은 이를 움직일 생각도 갖고 있었다. 고테타는 일찍부터 개종한 자로 이렇게 말한 적이 있었다. "누군가 기리시탄에게 폭력을 가하거나 교회와 십자가에 무례한 짓을 한다면 자신과 일족 전원이 대항할 것이다." (프로이스 『일본사』)

그의 일족은 천 명 정도였다. 신앙을 위해서라면 기꺼이 목숨을 내놓을 용의가 있다고 말한 것이다. 그는 신부에게 이 말을 전하기 위해 교회에 왔다고 고백했다. 신부는 그의 열정적인 마음을 칭찬하였다.

코엘료 신부는 자신의 힘을 과신했다. 고테타 같은 소수의 인원을 동원해서는 히데요시와 맞설 수 없다. 쿠데타를 권유받은 고니시 유키나가는 전부터 코엘료 신부의 과격한 행동이 못마땅해 응하지 않았으며 히루노부와 오토모 요시시게(소린)도 동의하지 않았다. 부관구장 신분으로 히데요시의 기리시탄 장군을 결속시켜 반란을 일으키려던 계획은 실패로 끝났다. 이렇게 되자 코엘료 신부는 필리핀 총독과 주교 그리고 신부들에게 편지를 보내 일본에 스페인 병사의 파병과 일본 주재 선교사를 위한 독립 보호지역을 만들어 주기를 청했다. 현실을 무시한 그의 청을 총독이 수락할 리 없다. 발리냐노 말을 빌리면 '조소거리'가 되었고 완곡하게 거절당했다는 것이다. 이 사실은 오랫동안 알려지지 않았다. 당시 일본에서 활동하던 선교사 중에는 히데요시에 대해 코엘료와 같이 과격한 생각을 갖고 있는 신부들도 있었기 때문이다.

예를 들면 그의 글을 자주 인용하는 프로이스나 아리마 신학교 초대 교장이던 모라 신부도 같은 생각을 갖고 있었다. 이들은 자신들이 믿어 왔고 신봉하고 있는 종교를 가르쳤다. 그것이 일본인을 구원한다고 생각했기에 과격한 행동도 마다하지 않았던 것이다. 그들을 침략주의자나 식민주의자라고 단순하게 비판하는 것은 물론 경솔한 판단이지만 일본인의 자존심에 상처를 입힌 것은 사실이다. 이렇게 격렬한 생각을 가진 성직자를 반대하는 선교사도 당연히 있었다. 아즈치 신학교 교장이던 오르간디 신부나 순찰사 발리냐노와 같은 성직자다. 실제로 그랬다. 이들은 일본인의 자질을 인정했으며 선교사들이 과격한 행동으로 나왔을 때는 반대의견을 내기도 했다. 히데요시가 과격한 선교사들의 의도를 얼마만큼 알고 있었는지 알 수 없다. 쿠데타 계획이 귀에 들어가진 않았을 것이다. 앞서 말했듯 그는 20일 이내 일본을 떠나라는 명령을 내린 뒤 잠시 누그러졌기 때문이다. 다음 정기선 출항 때까지 연기한다고 허락한 것은 히데요시 부인과 측근들의 중재가 있었던 것으로 보고 있다. 선교사들도 이제 선교의 열매가 맺어지기 시작하는 시점에서 일본을 포기하고 떠날 마음은 없었다. 표면상 두세 명 신부를 마카오로 보냈을 뿐 사태 완화를 위해 여러 방편으로 손을 썼다. 필리핀으로부터 스페인 병사 파병은 거절되었기에 다른 방법으로 대응하려 한 것이다. 그들은 남만무역으로 경제적 이익을 노리고 있던 히데요시에게 무역과 선교는 일치한다는 것을 알리기로 했다. 당시 무역 상인들은 선교사 중재 없이는 일본인과의 거래가 불가능했다. 일본선교를 독점한 예수회의 선교 자금 대부분이 남만 생사무역이었다.

한편 예수회 중재 없이는 거래가 불가능하다는 것을 히데요시도 알고 있었다. 그런 이유로 금교령 발표 이듬해 히데요시는 사카이의 기리시탄 상인을 나가사키로 보내 입항한 배에서 생사를 독점 구입하도록 했다. 그는 고니시 유키나가의 부친 고니시 류사였다. 그렇게 해서 선교사의 자금줄을 끊으려고 했지만 실패했다. 오히려 남만무역 주도자인 예수회의 확실한 위상이 실감나게 드러나는 계기가 되었다. 무역은 가능하나 선교사 입국은 거절하겠다는 모순된 정책이다. 히데요시는 서구 세계에 밝지 못해 그리스도교가 동양 진출을 위해 정치 경제면에서 어느 정도 영향력을 갖고 있는지 몰랐다. 이후 뒤늦게 알게 된 정치가 히데요시는 알면서 모르는 척하는 정책을 취했다. 금교령을 거두지는 않았지만 규슈 지역 선교사 체류를 묵인하기로 한 것이다. 이후 긴박한 사태는 조금씩 풀어졌고 긴장감도 서서히 사라지기 시작했다. 히데요시가 규슈에서 오사카로 돌아가자 느슨해진 분위기를 눈치챈 기리시탄 영주들은 다시 선교사 영입을 시작했다. 오무라 요시아키는 20명, 오토모 소린은 5명, 아마쿠사 9명, 고토 2명, 아리마 하루노부는 남은 선교사와 수도사들을 모두 받아들였다. 이들은 예전부터 선교사를 통한 남만무역에서 이익을 보고 있었기 때문이다.

아리마 신학교 교장 멜키올 데 모라 신부도 폐쇄한 아리마 신학교의 개교를 서둘러 준비했다. 그는 히라도에서 피난 생활하고 있던 아리마와 아즈치의 신학생 73명을 데리고 아리마로 왔다. 아리아케 바다는 여전히 태양으로 반짝이고 있었다. 바다에 접한 마을과 볏짚으로 엮은 성 아래 집들도 1년 전과 같았다. 그러나 선교사들은 아리마 영지에서 공공연하게 수업하는 것에 불안을 느껴 대책을 논의하던 중 영주 하루노부를 초대했다. 그는 어떤 일이 있어도 선교사와 수사들을 보호하겠다고 장담했다. 하지만 선교사들은 안정을 보장한다는 그 말을 염증이 날 만큼 수차례 들어왔지만 신뢰할 수 없었다. 그날 대단히 중요한 결정을 내렸다. 교회는 일단 폐쇄하고 신학교는 히노에 성에서 5리 정도 떨어진 북 아리마의 하치라오로 이전하기로 결정했다. 옛날 하치라오 신학교 터는 현재 밀감밭이 되어 있다. 지금도 산으로 둘러싸여 있고 띄엄띄엄 기리시탄 묘비도 몇 군데 있다. 이렇게 사람들 눈에 잘 띄지 않는 곳으로 옮겨왔지만 맑은 날이면 아리아케 바다와 하라성도 보였다. 외딴곳에서 학업에 열중하던 학생들의 모습을 떠올려 본다. 신학교를 옮기고 7년 동안은 별다른 일이 없었지만 짧은 봄과 같은 평온이 끝나고 떠돌이처럼 옮겨 다니는 운명과 더불어 학생들도 숨은 생활을 계속해야 했다.

히데요시 금교령은 완화가 되었지만 철회는 아니었기 때문이다. 틈새를 이용해 선교사들은 규슈 지역 포교를 재개했고 아마쿠사와 아리마에서는 꽤 많은 개종자가 생겨났다. 하지만 예전처럼 안심하고 활동할 수는 없는 상황이었다. 선교사들은 자신들의 신변 보호를 약속했던 지방 영주의 위치가 매우 불안정하다는 걸 이번 사건으로 확실히 알았다. 히데요시가 완화책을 거두고 다시 뒤집는다면 오무라, 아리마, 고토, 분고의 신자 영주들은 태도를 바꿀 것이 거의 확실했다. "지금까지 열정을 쏟아 이루어낸 일본선교의 결실을 단번에

날릴 수는 없다. 권력자 한 사람 때문에 모든 걸 수포로 돌릴 순 없는 일이다." 당시 선교사들이 내린 판단이었다.

코엘료 부관구장은 기리시탄 무장들을 선동하는 쿠데타를 획책했다. 히데요시에게 반기를 들겠다는 구상은 실행에 옮기지는 않았으나 생각을 접은 것은 아니었다. 자신이 다시 그들 손에 불을 붙여 주면 영지를 몰수당한 제후들과 신자들은 움직일 것으로 판단하고 있었다. 실제로 1589년 2월 코엘료는 선교사 7명을 비밀리에 규슈의 다카기에 소집한 뒤 두 번째 쿠데타를 모의했다. 마침 그때 발리냐노 신부는 소년사절단과 함께 인도의 고아에서 귀국을 준비하기 위해 마카오에 있었다. 발리냐노에게 사람을 보내 필리핀에서 병사 200명과 함께 탄약을 준비해 귀국하길 바란다는 전갈을 보내기로 했다. 스페인과 필리핀 도움을 받을 수 있도록 발리냐노에게 의뢰하겠다는 구상이었다. 이 계획에 6명 중 5명이 찬성했고 1명은 반대했다. 코엘료와 프로이스 그리고 아리마 신학교 교장 모라 신부는 찬성했다. 반대자는 일본인을 높이 평가하던 아즈치 신학교 교장 오르간디 신부였다. 결정이 되자 아리마 신학교 모라 신부를 마카오의 발리냐노 신부에게 파견하기로 했다. 모든 것은 비밀리에 일사천리로 이루어졌다. 모라 신부는 회의가 끝난 뒤 서둘러 마카오로 가는 배를 탔다. 물론 히데요시 측은 전혀 눈치채지 못했다. 히데요시 휘하 기리시탄 무장들이 참석했는지는 알 수 없고 학생들에게는 교장 신부가 잠시 일본을 떠난 이유는 비밀로 했다. 그동안 철학을 가르치던 스페인 출신의 다미안 마림 신부가 교장업무를 대행하였다. 발리냐노가 자신들의 결정에 응해줄 것이라 믿고 모라 신부가 마카오로 떠난 뒤 코엘료 신부는 무기와 탄약을 나가사키로 모았다. 한편 소년사절단과 함께 마카오에 있던 발리냐노도 히데요시의 금교령을 알고 있었다. 그는 코엘료 신부와는 달랐다.

"일본의 국민들은 용감하다. 숱한 내전으로 군사훈련을 많이 받은 민족이기에 정복이 가능한 나라가 아니다." 발리냐노 편지의 내용이다.

이렇듯 그의 생각은 코엘료 신부와는 사뭇 달랐다. 발리냐노는 금교령으로 인해 선교사 신분으로 귀국이 불가능하게 되자 인도의 총독 사절로 귀국하는 방법을 모색했다. 당시 그는 소년사절단의 유럽 여행의 일기와 기록을 대화식으로 『견구사절견문대화록』을 편집하여 신학교 교재로 사용할 계획이었다. 그러므로 마카오에 도착한 모라 신부의 보고를 들은 발리냐노는 너무나 엄청난 일에 깜짝 놀랐다. 모라 신부가 얼마만큼 발리냐노를 설득했는지는 알 수 없다. 모라 신부의 보고서도 알려지지 않고 있다. 하지만 내용은 다음의 프로이스의 편지와 별반 다르지 않았을 것이다.

"예수회와 그리스도교 유지를 위해서는 각 지역에 견고한 요새가 필요하다. 박해가 일어날 경우 선교사들의 피난 장소로 사용하며 재산과 생필품을 보관하는 장소가 절대적으로 필요하므로 스페인 국왕에게 무장된 병사 200~300명을 요청해 줄 것을 부탁한다."고 했다.

한편 프로이스는 히데요시가 오무라와 아마쿠사 기리시탄 영주들의 영토를 몰수하면 자신들이 머물 장소가 없어진다고 적었다. 모라 신부 역시 발리냐노에게 다소 비슷한 말을 했을 것이다. 이후 발리냐노는 이때 받은 충격을 서간 안에서 이렇게 언급하고 있다. "나는 무분별하고 안목 없는 처사에 놀라움을 금치 못했다. 모든 계획은 불가능하고 부적절하며 위험하기 그지없다. 분별없고 경솔한 계획이기에 지금도 그 일을 생각하면 간이 졸아드는 느낌이다. 이런 계획을 다른 선교사와 일본인 수사들 그리고 신자들까지 알고 있다는 점이 더욱 놀랍다."

그런데 다음 해 과격파 중심에 섰던 코엘료 신부가 사망했다. 발리냐노에게는 다행스런 일이었다. 지지자를 잃은 모라 신부는 발리냐노 명령을 따를 수밖에 없었다. 이런 상황에서 소년사절단은 모라 교장과 마카오에서 8년 만에 재회하였다. 긴 여행을 통해 소년들은 청년이 되어 있었다. 소년들은 교장이 왜 마카오까지 왔는지 이유를 알지 못했다. 발리냐노 역시 침묵할 수밖에 없었다. 하지만 소년들은 교장 신부를 보면서 고국의 일을 직감적으로 느끼기 시작했을 것이다. 소년단 일행은 다음 해(1590년)까지 배를 구하지 못하고 있다가 7월에야 마카오를 떠날 수 있었다. 일본 땅이 가까워지고 크고 작은 섬들이 다가오자 소년들은 많은 생각에 사로잡혔을 것이다. 8년 동안 떨어져 있었던 조국을 감회에 젖어 바라봤을 것이다. 배 안에는 인도총독이 히데요시에게 보내는 여러 헌상 물품이 실려 있었다. 그리고 일본인이 한 번도 보지 못한 서양 인쇄기도 있었다. 앞으로 외국어는 물론 일본어 출판물도 발간할 인쇄기였다. 『헤이케 모노가타리(平家物語)』, 『타이헤이키(太平記)』, 『와칸로우에이슈(倭漢朗詠集)』를 일본에서 인쇄할 수 있게 되었다.

이후 발리냐노는 선교 방침을 신중하게 하되 권력자를 자극하지 않기로 방향을 굳혔다. 7월 21일 나가사키 항구는 환영의 인파로 붐볐다. 오무라 영주와 아들 오무라 요시아키 역시 가신을 데리고 환영하러 나왔다. 아리마 하루노부도 다음 날 배로 왔다. 신중한 발리냐노는 히데요시 부하의 눈을 거슬리지 않기 위해 환영회를 거절하고 비밀리에 소년들과 함께 한밤중에 아리마로 갔다. 아리마는 사절 소년들에겐 그리운 장소였다. 발리냐노 역시 추억의 장소다. 언제나 바다 냄새가 배어 있는 해변의 땅. 하지만 신학교는 이미 아리마에서 하치라오 산속으로 이전한 뒤였다. 발리냐노는 일본에 돌아온 뒤 고인이 된 부관구장 코엘료 신부가 저지른 일들을 수습하기 시작했다. 대책 논의를 위해 중요한 선교사들을 아리마에 소집했다. 코엘료 신부가 비밀리에 나가사키에 모아 두었던 무기와 탄약은 매각 아니면 마카오로 운반할 계획을 세웠다. 대책 회의에서 교육 사업의 논의 여부는 모른다. 신학교를 산속 하치라오에서 다시 바닷가 마을 가즈사로 이전한 것을 보면 의제로 다루어진 것이 확실하다. 이 결정은 학생들의 불편함을 생각한 발리냐노의 배려였을 것이다. 가즈사로 옮긴 신학교 위치는 정확하게 알려지지 않고 있다. "그곳엔 훌륭한 집이 있다. 해변 입구에 있는 한적하고 좋은 곳이다." 구스만이 남긴 기록으로 봐서 바닷가에서 멀지 않은 곳이었을 것이다.

1590년 가즈사 세미나리오와 아마쿠사 콜레지오가 합병하였다. 히데요시가 아마쿠사를 고니시 유키나가에게 맡기자 호족들이 반발하여 아마쿠사에서 전쟁의 조짐이 보였기 때문이다. 기리시탄 섬이라 불리던 아마쿠사도 전쟁의 분위기에 휩싸이게 되었다. 합병한 콜레지오에 소년사절단들이 가져온 인쇄기를 설치했다. 인쇄기 사용은 소년들과 함께

인쇄기

유럽을 다녀온 일본인 수사 콘스탄치노 도라도가 맡았다. 그의 일본명은 알려지지 않는다. 소년단이 유럽 여행을 할 때 두 명의 일본인 수사 죠르쥬 데 로욜라가 포르투갈에 머물면서 인쇄 기술과 활자 제조법을 익혔다. 죠르쥬 수사의 일본 이름도 알려지지 않고 있다. 도라도 수사 지도하에 가즈사에서 재빠르게 교리서와 전례서를 인쇄했다. 그리고『라틴어 사전(ラテン文典)』과『일포사전(日葡辭書)』그리고『일본 대사전(日本大文典)』도 인쇄했다. 그밖에 『헤이케 모노가타리(平家物語)』와『타이헤이기(太平記)』도 인쇄되었다. 일본의 활자인쇄

출판은 실제로 이곳 가즈사 신학교에서 처음 시작되었다.

내가 주인공을 등장시키기까지 너무 오랫동안 신학교에 얽힌 이야기를 한 것 같다. 이후 히데요시의 사망 후 이에야스가 집권하게 된다. 막부는 1614년 전국에 금교령을 내리고 히데요시보다 더 가혹하게 기리시탄을 박해했다. 선교사들은 추방되었고 신학교는 안개처럼 존폐의 기로를 맞게 된다.

1590년 늦가을 발리냐노와 소년사절단은 오사카로 갔다. 히데요시를 자극하지 않기 위해 두 그룹으로 나눠 움직였다. 이듬해(1591년) 이들은 히데요시를 만난다. 오사카에서 만난 것이 아니고 교토의 쥬라쿠다이에서 만났다. 히데요시는 연회를 베풀며 발리냐노 일행을 사절단으로 우대해 소년사절단도 쳄발로와 서양악기를 연주하며 화답했다. 연회가 끝나자 히데요시는 소년들에게 관직 등용을 권했으나 사절단을 대표해 이토 만쇼가 완곡히 거절했다. 권력자 히데요시는 금교령을 철회할 생각은 없었다. 연회 동안 종교 문제도 화제에 오르지 않았다.

발리냐노가 히데요시를 만났으나 선교사로서 만난 것은 아니었다. 히데요시가 만남을 허락한 것도 인도 총독의 사절로 왔기 때문이었다. 하지만 발리냐노와 규슈의 선교사들은 성공적인 방문으로 보고 희망을 품기 시작했다. 그러나 히데요시를 잘 알고 있는 기리시탄 무장들의 의견을 듣고는 모두들 경계심을 늦출 수가 없었다. 불안은 조금씩 적중했다.

성공적인 만남으로 파악한 기리시탄 반대파 무장들은 히데요시에게 접근해 의심을 갖도록 부추겼다. 사절단에 대한 의혹들을 제기했던 것이다. 중심에는 세야쿠인 젠소와 가토 기요마사가 있었다. -(프로이스 『일본사』)

악화된 소문은 규슈의 선교사들을 다시 불안하게 했다. 두 번째 위험이 기다리고 있었던 것이다. 반대자들은 히데요시에게 고발했다. "발리냐노가 재입국하자 선교사들이 예전처럼 선교를 한다. 사람들이 교회로 모여들고 선교사들은 그들을 가르친다." 이 보고를 접한 히데요시는 분노했다. 한때는 예수회원 모두를 사형시킬 생각까지 했다.

발리냐노는 히데요시 분노를 잠재우기 위해 여러 방안을 모색했다. 우선 가즈사 신학교는 눈에 띄지 않는 하치라오 산속으로 다시 옮기고 선교사들을 일시적으로 중국 피난계획까지 세웠다. 기리시탄 영주들이 선교사 보호를 약속하자 그 계획을 취소했다. 프로이스는 그의 일본사에 이런 기록을 남겼다. "하느님께서 우리를 위로하신 두 번째 사건은 기리시탄 영주들이 자신들의 영지에 우리를 은닉시켜 주겠다고 제안한 일이다. 모든 사람이 히데요시에게 공포심을 갖고 있는 이때 선교사를 보호하겠다는 것은 대단히 위험한 일이었기 때문이다." 유일하게 서양 학문을 가르치던 신학교는 쫓기듯이 아리마에서 하치라오로, 다음은 가즈사로, 또다시 하치라오로, 신학교마저 이렇듯 위험을 느끼며 피난의 연속으로 맥을 이어 갔다. 당시 1기생(1580년) 중에는 선교사들과 함께 운명을 결심한 재학생들이 많았다. 이런 소용돌이에서 유럽을 다녀온 소년단 네 명 이토 만쇼, 나카우라 줄리안, 치지와 미게루, 하라 마르티노는 1591년 아마쿠사 예수회에 입회해 첫 서원을 했다. 치지와 미게루는 얼마 뒤 교회를 떠난다. 아리마 예전의 친구들과는 적대관계가 된다. 아리마 신학교 학생들도 어느 시기가 되면 갈라선다. 어제까지 책상을 나란히 하던 친구가 적대관계로 돌아선다. 운명의 그 시간을 기다린다. 그 폭풍의 와중에 내가 이야기하려는 주인공이 신학교에 입학하러 온다.

04

키베라 부르는 형제

천하를 갈랐다는 세키가하라 전투(関ヶ原の戦)가 시작되던 1600년. 아직 15살도 채 되지 않은 키베가 부모와 친족을 떠나 아리마 신학교에 입학했다.

당시 전국시대 일본인은 오랜 전쟁에 지쳐 있었다. 특히 규슈 지역 사람들에게는 그 강도가 더욱 심했다. 히데요시의 조선 침략으로 규슈 영주들과 가신들은 고향을 떠나야 했고 많은 이들이 전쟁에 소환되었기 때문이다. 자연스레 주민들은 피폐해져 있었다. 신학교 보호를 약속했던 아리마 하루노부 역시 유키나가 군단에 소속되어 조선으로 떠나 있었다. 아리마 신학교는 가즈사에 있었지만 1596년부터는 이리저리 장소를 이전해야만 했다. 조선 침략에 몰입하던 히데요시는 일시적으로 기리시탄 탄압을 멈췄다. 그러다가 1595

년 도사의 우라도에 표착한 스페인 선박 '산 펠리페호'의 화물을 히데요시 명령으로 몰수하는 사건이 일어났다. 이때 스페인 선원이 일본인에게 위협적인 말을 한 것이 원인이 되어 다시 기리시탄을 증오하게 된다. 산 펠리페 호 선원은 스페인의 강력한 힘을 과시하며 선교사들이 가는 나라는 스페인 세력권에 들어온다고 호언장담했다. 이 말은 히데요시를 자극했고 오사카의 선교사들을 체포하라는 명령으로 이어져 기리시탄 무장이었던 고니시 유키나가는 수습에 나섰다. 그는 히데요시 측근인 이시다 미쓰나리에게 완화를 부탁했다. 그의 중재가 없었다면 많은 선교사들이 처형되었을 것이다. 하지만 그런 와중에 오사카에서 잡혀 왔던 26명의 선교사와 신자들만 나가사키 니시자카 언덕에서 처형되었다. 오늘날 '26 성인 순교'로 알려진 사건이다. 이후 다시 시작된 박해에 겁먹은 선교사들은 콜레지오를 아마쿠사에서 나가사키 도도산으로 옮겼다. 아리마 세미나리오도 일단 해산하고 학생 일부를 마카오와 국내로 분산시킨 뒤 일부만 나가사키에서 살게 했다.

히데요시는 1598년 오사카에서 숨을 거두었다. 나가사키 부교[17] 데라자와 히로타카의 탄압이 다시 시작되자 세루

---
17 奉行: 막부가 직할지로 파견해 정무를 보게 했던 관리. (역주)

케이라 주교는 아마쿠사의 가와치우라로 신학교를 옮겼다. 이에야스가 권력을 잡게 되자 나가사키 탄압은 느슨해진다. 세루케이라 주교는 신학생들은 아마쿠사 시키에서 수업을 재개하고 정세를 지켜보기로 했다. 잠시 금교령이 유명무실하게 되자 예수회는 다시 움직였다. 나가사키에서 삼면이 바다에 접한

예수회 본부가 있던 자리

미사키라는 곳에 예수회 땅이 있었다. 이곳에 주교관과 관구 건물 그리고 성당 두 곳을 지었다. 콜레지오와 세미나리오도 옮겨왔고 인쇄소도 마련했다. 당시 건물이 있던 장소에는 현재 나가사키현청이 있었던 곳이다.

키베(岐部) 소년은 1600년 나가사키의 미사키 신학교에 입학한다. 고향은 오토모 소린이 다스리던 분고의 구니사키 반도(国東半島)다. 이곳 북쪽에는 현재도 키베라 불리는 어촌 마

을이 있다. 그곳에 사는 이들은 키베 마을 일대를 지배하던 지방 토착 무사의 후손들이다.

이들은 평상시에는 고기를 잡다가도 어느 때는 해적이 되어 거친 바다를 헤치고 다니다 돌아오곤 했다. 전쟁이 일어나면 수군으로 영주 오토모 소린을 위해 충성을 바쳤던 사람들이다. 현존하는 키베 문서에도 그들의 공적을 읽을 수 있고 오토모 가문과 연결된 내용도 확인할 수 있다.

구니사키는 봄이 되면 배꽃이 화려하게 피고 온화한 바다에 둘러싸인 반도다. 이곳에는 아직도 구니사키 불교라고 불리는 독특한 산악불교의 절이 있다. 절만이 아니라 여러 개의 신사도 같이 있다. 이렇게 신사와 불교가 함께 있는 장소에 이국 종교인 그리스도교가 자연스럽게 흘러온 것은 오토모 소린의 영향이 크다. 소린은 개종 후 자신의 영지인 분고에 그리스도교 보호정책을 펼쳤고 불교 신도들은 반대하며 분쟁을 일으켰으나 순찰사 발리냐노는 콜레지오와 수련소를 세웠다. 이후 일반 농민들과 무사들의 개종하여 입교자가 생겼다. 1585년에는 세례자가 만 명을 웃돌았고 1586년에는 3만 명 넘는 세례자가 나타났다. 1584년 키베 일족 150명이 세례를 받았다. 그때 주인공 키베 아버지 키베 로마노도 있었다. 그해 구니사키의 무장 치카자네는 쿠데타를 일으켜 세력 확장을 도모하다가 소린에 의해 제압당했다. 이후 소린은 그리스도교 신자인 차남에게 치카자네 가문을 맡겼다. 신사와 불교도의 땅 구니사키에 기독교가 정착하게 된 것은 키베 일족의 역할로 볼 수 있다. 바다에 길들어진 키베 가문은 좁은 토지에 집착하는 농민 기질의 사람들은 아니었다. 그들에겐 삶의 유연성이 강했다. 이들이 세례받은 이유 중 하나는 신자였던 구니사키 지배자 소린의 차남을 섬겨 가문의 번영을 꾀하려는 의도도 있었을 것이다.

키베의 부친 로마노와 친척들은 신앙심이 깊었다. 키베 일족을 대표하던 키베 사곤 역시 히데요시의 규슈 전쟁 때 주군 소린과 함께 그리스도교로 개종했다. 히데요시가 금교령을 내리자 많은 무사들이 배교했지만 키베 부친은 변절하지 않았다. 그는 추방령으로 선교사들이 떠나간 뒤에도 전도사가 되어 세례를 주며 흔들리는 신자들을 돌보았다.

1600년 아리마 신학교에 입학한 키베 형제는 아버지의 강인한 성격과 일족들이 지녔던 모험심을 그대로 물려받았다. 이러한 사실은 베드로 키베의 일생을 훑어보면 분명해진다. 그의 핏줄에는 분명 부친에게서 받은 신념과 강인함이 있어 바다와 사막을 횡단하는 모험가의 기질을 드러냈다.

키베 일족이 붕괴되는 계기는 세키가하라 전투였다. 서군에 가담한 오토모 소린의 아들 요시무네는 동군의 구로다 죠수이 군대와 구니사키 이시가키하라 전투에서 맞붙었다가 전패했다. 이때 키베 일족을 이끌고 있던 키베 사곤은 요시무네 군에 가담하여 패한 후 키베 일족은 흩어진다. 아버지 로마노 키베는 삶의 터전인 구니사키를 떠나 히고로 이주했다. 그리고 두 아들 베드로 키베와 죠안을 나가사키 신학교로 보냈다. 당시 신학교에 간다는 것은 오늘날의 신학교 입학과는 달랐다. 1600년 아리마 신학교는 당국의 종교 정책에 위배되는 비밀스런 학교였기 때문이다. 히데요시가 죽자 기리시탄 금교령은 흐지부지됐으나 도쿠가와 이에야스가 천하를 제패하면 그리스도교를 증오하는 그가 다시 박해를 감행할 것을 예측하고 있던 시기에 신학교 입학은 추방자의 삶을 선택하는 것과 같았다. 미구에 닥칠 탄압과 박해를 각오해야 하는 것이었다. 박해와 탄압을 이겨내고 졸업한다 해도 부귀영화가 보장되는 것도 아니었다. 히데요시 금교령 이후 많은 기리시탄 무사들이 배교한 것이 그 예다. 집과 토지를 잃은 무사의 아들이 출세 가능성이 사라져 신학교를 선택하기도 했다. 그러나 입학 후 학교가 인가와 떨어진 곳을 찾아 이곳저곳 이동하지 않으면 안 되는 이유를 알게 된다. 신학교 공부가 세상을 등져야 하고 권력자가 싫어하는 학문인 것도 조금씩 알게 된다. 자신들의 미래가 밝은 양지가 아니라는 것을 교사나 선교사의 표정에서도 읽을 수 있게 된다. 키베 형제는 그런 학생들 속에 있었다. 형제가 입학할 때는 신학교가 나가사키에 이주해 있었다. 나가사키는 삼면이 바다로 둘러싸인 길고 좁은 곳이었다. 앞서 기록한 것처럼 이곳에는 2개의 성당과 예수회 관구 건물이 있었고 주교관과 인쇄소 그리고 서양화를 가르치는 미술학교도 있었다. 하지만 대단한 건물은 아니고 허술한 볏짚과 판자로 만든 집이었다. 학교와 인쇄소 그리고 화랑이 함께 있는 집으로 생각하면 된다. 금교령이 일시적으로 느슨해졌지만 선교사들은 조심스럽게 행동했다. 학생들의 복장도 눈에 띄지 않는 수수한 옷으로 바꾸고 수업도 눈에 띄지 않도록 했을 것이다. 1600년경 나가사키 신학교 교사들과 학생들의 명단은 알 수가 없다. 키베 형제의 학업성적도 알려지지 않고 있다. 형 베드로 키베의 라틴어 실력은 우수했던 것으로 여겨진다. 수년 뒤 그가 쓴 달필의 라틴어 편지가 남아 있기에 그런 추측이 가능하다.

두 형제의 신학교 생활은 20년 전 발리냐노가 아리마의 히노에 성에 신학교를 설립했던 그때와 비슷했을 것이다. 아직도 채 어둠이 가시지 않은 시각에 일어나 기도와 미사 오

26 성인 처형지

전 6시에서 9시까지는 라틴어 공부와 조식이 있었다. 11시에서 오후 2시까지는 일본어 읽기 쓰기, 3시부터 4시 반까지 다시 라틴어를 공부, 석식 후 7시까지 또다시 라틴어 공부를 했으니 철저하게 어학을 공부했던 셈이다. 학교 인근에는 히데요시가 5년 전에 화형시킨 26명의 순교지가 있다. 26명의 처형은 나가사키 사람들 기억에 생생하게 남아 있었다. 교토에서 귀를 잘리고 나가사키까지 끌려왔던 순교자들이다. 그들을 나무에 묶고 발치에 쌓아 둔 장작더미에 불을 붙였다. 화염과 연기 속에서도 하느님을 찬미하는 기도로 자신을 태워 올렸던 것이다.

학생들은 학교에 근접한 처형 장소를 매일 보면서 공부

했다. 키베 형제도 그랬다. 무슨 생각으로 바라봤으며 자신과 동료들도 그들처럼 이곳에서 처형될 날이 올 것을 예감했을까? 신앙생활이 출세가 아닌 고문, 죽음의 길, 순교의 길을 각오하고 있었을까? 인간은 두 부류가 존재한다는 사실. 한 부류는 자신의 신념을 고통 앞에서도 굴하지 않고 관철하는 인간이고 다른 부류는 나약함으로 신념을 버리고 살아가는 인간임을 알고 있었을까?

키베 형제가 입학한 다음 해 나가사키에서는 큰 화재가 발생했다. 마을 전체가 잿더미가 되고 신학교도 옮겨야만 했다. 거기는 창립 당시의 장소인 아리마였다. 세키가하라 전투에서 고니시와 몇몇 기리시탄 무장은 이시다 측에 가담하여 제거되었고, 아리마 하루노부는 도쿠가와 측에 가담하여 살아남았다. 기리시탄 보호 정책도 바뀌지 않아 세미나리오는 아리마로 옮길 수 있었고 학생들은 안심하고 학업에 임할 수 있었다. 하루노부도 지원을 아끼지 않았다. 키베 형제는 다른 학생들과 함께 히노에 성안에 새롭게 지은 곳으로 이주했다.

신학교에서는 신심 단체가 만들어졌다. 하나는 1598년 일본에 입국한 발리냐노 지시로 3년 전에 만들어진 성모회다. 단체에 가입한 학생들은 매일 식사를 조금씩 절식해 마을의 가난한 이들에게 나누어주고 한센병 환자들을 돌보며 학교의 천한 일을 하는 등 겸손의 덕을 쌓고 있었다. 성모회 회원이 아닌 학생들은 준비회라는 단체에 가입했다. 준비회가 조직되는 날에는 축제가 열렸다. 미사봉헌에 이어 시를 읊으며 토론하는 시간도 가졌다. 행사 중에는 아리마 하루노부 부부도 참가하곤 했었다. 학생들은 매일 라틴어를 집중적으로 수업을 받았다. 이 무렵 발리냐노 노력으로 사전들이 출판되었다. 암브로시오와 카레피누스의 공저인 『라틴어와 포르투갈어 일본말 대조 사전』과 『마누엘·알바레스 어학 제3권 일본어 주석 사전』이다. 이미 라틴어를 익힌 상급생들과 졸업생들은 매일 하급생들을 도와주었다. 시간이 갈수록 성적은 좋아지기 시작했다. 베드로 키베의 라틴어 기초실력도 이 시기 익혔을 것으로 추측한다. 키베의 재학 시기 학우 중에는 미케루 마키라는 소년이 있었다. 그는 다카야마 우콘 가신의 아들이었는데 음악과 일본 문학을 좋아했다. 기후 출신의 안드레 노마라는 학생 역시 일본 문학에 조예가 깊었다. 훗날 그는 신학교에서 일본 문학을 가르치기도 했다. 학생들의 라틴어 보조교사를 한 선배 중에는 이요 출신 주스토 수사가 있었다. 아마도 키베 형제 역시 이 일본인 수사에게서 라틴어 공부의 도움을 받았을 것이다.

한편 1604년경 마카오에서 유학한 뒤 귀국한 디에고 유키라는 청년에게서도 라틴어를 배웠을 것으로 본다. 디에고 유키는 가와치우라 성의 실세였던 유키 일족의 한 명으로 그의 라틴어 실력은 대단히 뛰어났다. 그가 남긴 서간문은 고전적인 문체로 쓰였다고 전해지고 있다. 이렇게 여러 일본인 선배들의 도움으로 베드로 키베의 어학 실력은 더욱 향상되어 갔을 것이다.

당시 학생들은 유럽을 다녀온 소년사절단 선배들을 부러운 시선으로 대했을 것이다. 소년단 대표였던 이토 만쇼는 귀국 후 아마쿠사 수련원에 들어가 라틴어와 자연과학 그리고 철학을 공부했다. 그러다가 키베가 아리마 신학교에 입학한 1600년에는 신학교 조교로 있었다. 키베 형제가 이토 만쇼를 만난 것은 행운이었다. 사절단 일원인 나카우라 줄리안도 아마쿠사에서 공부한 뒤 예수회 수사가 되었다. 이후 그는 1607년경 아리마 신학교에서 일했고 하라 마르티노도 이 시기에 신학교에서 라틴어를 가르쳤다. 키베 형제는 신학교 재학 중에 사절단을 자주 만났다. 누구라도 그들을 만났다면 자연스레 그들이 보고 왔던 유럽 문화의 웅대함을 들었을 것이다. 선배가 보고 온 포르투갈과 스페인 그리고 이탈리아의 풍경과 도시 풍경 이야기는 키베와 학우들을 푹 빠져들게 했을 것이다. 궁정과 교황청 이야기를 들을 때면 눈을 반짝이며 들었을 것이 틀림없다. 키베 일족은 대대로 바다를 즐기는 가문이다. 바다 모험을 즐기는 유전자를 조상에게서 받았으니 키베 형제가 유럽에서 뭔가를 배우고 싶은 열망에 사로잡힌 것은 당연한 일이다.

✳

세키가하라 전투 후 아직 오사카성의 도요토미 히데요리를 제거하지 않은 도쿠가와 이에야스는 반그리스도교 사고의 소유자이나 남만무역 이익에 잠시나마 관대한 태도를 보였다. 물론 금교령을 통해 기리시탄 무장들을 회유시킬 생각도 있었지만 선교사의 활동을 묵인하고 있었다. 이런 이유로 짧지만 기리시탄 선교는 활발해지고 학생들은 평화롭게 학업에 열중할 수 있었다.

잠시의 평화 중에 신학교 생도들은 자신들의 교사 선배 동료들의 운명을 예상도 못 했다. 이어 올 대박해 중에 신념을 관철한다. 선배 이토 만쇼, 나카우라 줄리안, 주스토 이요, 디에고 유키는 '구멍 매달기'라는 최고 잔혹한 고문으로 순교하게 된다. 그런가 하면 신앙을 가르쳤던 교사가 고문에 굴복하고 배교하기도 할 것이다. 예를 든다면 1603년 키베의 입학 3년째 되던 해 그들에게 일본 고전문학을 가르치던 일본인 수사 시메온(일본명은 알 수 없다.)은 신앙을 버릴 뿐 아니고 동료의 적대자가 되었다. 소년사절단 치지와는 귀국 후 수련원에 입회 후 오무라 가신이 되어 교회를 등졌다. 아무도 자신과 타인의 운명을 점칠 수 없는 상황이 되었다. 자신들이 하는 공부는 나라와 권력자들이 반대하는 것도 알게 되었다. 그 학문을 했다는 이유로 언젠가는 붙잡혀 고통에 직면할 것도 알았고 장차 운명이 어떤 길이든 받아들일 각오를 해야만 했다.

입학 후 4년째 되던 해 신학교에 30세 정도의 이탈리아 신부가 부임해 왔다. 죠반니 밥치스타 뽀루로란 이름의 젊은 신부였다. 모든 선교사가 그랬듯이 그도 이곳에서 일본어를 배웠다. 온유한 성품으로 독서를 즐기는 젊은 신부를 생도들은 먼발치에서 호기심 가득 찬 눈으로 바라봤다. 아직 일본어가 어눌해 키베와 대화는 할 수 없었으나 일상을 함께했다. 3년 후 뽀루로 신부는 학생들에게 그의 전문 과목인 수사학을 가르치게 되었다. 인생에서 한번 스쳐 지나간 인연이 운명을 함께할 사람일 수도 있으나 그건 아무도 모른다. 베드로 키베도 아리마 신학교에서 만난 뽀루로 신부와 훗날 인생의 최후를 함께할 것은 꿈에도 생각 못 했을 것이다.

신학교 시절 키베에게 뽀루로 신부는 경애하는 선교사의 한 명이었다. 자신에게 수사학을 가르쳤고 동생과 함께 라틴어와 포르투갈어를 배웠던 스승이었다. 상급생이 되면서 기초신학과 윤리학도 그에게서 배웠다. 입학 당시엔 소년이었던 키베는 어느새 튼튼한 청년의 모습으로 바뀌고 있었다.

1606년 키베는 6년간의 수업을 마치고 신학교를 졸업했다. 자신을 가르쳐준 선교사들의 예수회에 입회하길 원했다. 그리하여 훗날 사제가 되어 하느님께 봉사할 꿈을 키웠다. 그러나 일본인이 사제가 되는 일은 쉽지 않았다. 선교사들의 편견이 가장 큰 장애물이었다. 일본 포교 책임자였던 카브랄 신부의 말처럼 "나는 일본인같이 오만하고 탐욕스러우며 위장을 잘하는 국민은 본 적이 없다. 그들이 순종하는 모습을 보일 때는 생계 수단이 없을 때다. 일본에서 수도회에 들어오는 사람은 세상살이가 힘든 이들이다. 생계가 해결되면 그들은 수도회에 들어오지 않는다." 카브랄 신부의 이런 생각에 공감하는 선교사도 적지 않았다.

순찰사 발리냐노는 카브랄 신부와 같은 잘못된 편견을 없애기 위해 성직자 조직 체계에 개혁을 가한 인물이다. 이를 위한 적극적인 개입으로 세미나리오와 콜레지오를 새로이 설립했지만 일본인이 신부가 되기까지는 많은 난관을 넘어야 했다. 베드로 키베 역시 그 난관을 하나씩 넘어야 했다. 신학교를 졸업한 열아홉 살의 이 청년은 도슈쿠라는 하급 전도사의 일을 해야 했다. 이 호칭은 원래 불교 용어로 승려가 되길 희망하는 젊은이를 도슈쿠라고 했다. 그리스도교에서도 봉사를 위해 세상을 떠난 사람을 그런 의미에서 도슈쿠라 불렀다. 발리냐노 표현을 빌리면 "도슈쿠 중 많은 이는 수도자와 사제가 되기 위해 공부한다. 그들이 하는 일은 제의방지기, 급사, 손님 접대, 미사 복사하기, 장례나 세례의 교회 예식에 도움을 주며 신부의 사목을 돕는 일이다."

도슈쿠들은 검정색 긴 옷을 입고 불승처럼 삭발하고 복장은 예수회 선교사들과 달랐다. 겉모습에서 도슈쿠와 선교사를 구별하기 위해서였다. 도슈쿠는 선교사와 똑같이 기도와 수행으로 봉사 생활을 하나 성직자가 아니므로 결혼을 해도 무방했다. 대부분의 도슈쿠는 독신 서약을 하고 성직을 희망하며 살았다. 그리고 그들 중에서 수사와 성직자를 선발했다. 키베도 신학교 졸업 후 도슈쿠 신분으로 전도사 일을 했는데 어디에서 일했는지는 모른다. 아마도 아리마와 아마쿠사를 중심으로 교회 일에 전념하며 지냈을 것이다. 사제의 꿈은 결코 접지 않았을 것이다. 키베는 모교인 아리마 신학교 1기생 기무라 세바스챤과 루이스 니아바라가 마카오 유학을 마치고 1601년 9월 나가사키에서 사제로 서품된 것을 알았다. 두 사람은 히라도 출신이다. 일본인으로 첫 번째 사제가 된 선배다. 키베는 재학 중 그들을 선망의 대상으로 존경했으며 선교하는 그들을 만난 기억도 있었다. 그 선배들처럼 사제가 되기 위해 학업에 매진해야 한다고 다짐했다. 사제가 되기 위해 마카오나 마닐라의 신학교로 유학 가는 것이 도슈쿠 시절 키베 가슴에 은밀하게 숨겨져 있던 희망이었다. 그를 뜨겁게 하는 꿈이기도 했다.

그 꿈을 8년간 안고 살았다. 그즈음은 세키가하라 전투로 천하 독주를 눈앞에 둔 도쿠가와 이에야스가 서서히 히데요시 아들 히데요리와 그의 생모 요도키미를 옥죄며 오사카 전쟁을 준비하고 있던 때였다. 신학교의 수호자라 불리던 하루노부에게 뜻하지 않는 사건이 생겼다. 신학교와 연관된 이들은 모두 놀라서 바라보는 사건으로 베드로 키베가 도슈쿠 6년째 되던 어느 날이었다. 사건의 원인은 3년 전 1609년으로 소급된다. 그해 6월 포르투갈 무역선 '마드레 데 데우스호'가 나가사키 항에 들어왔었다. 당시 이에야스는 외국 배가 일본 항구에 들어오는 것을 달가워하지 않았다. 이유 중 하나는 2년 전 마카오에서 일본 선원들과 포르투갈 선원들의 싸움으로 물건을 빼앗긴 일이 있었기 때문이다. 포르투갈 선박의 입항 보고를 받은 이에야스는 하루노부에게 배를 포획하고 선장을 체포하라는 명령을 내렸다. 하루노부는 병사들과 나가사키 바다에서 포르투갈 배와 맞섰다. 싸움은 3일간 계속되었고 포르투갈 선장이 싣고 있던 화약에 불을 질러 스스로 자폭하게 한 이 전투는 일본 해전에서 외국 배와 치른 첫 해전이었다. 전투가 있은 2년 뒤 혼다 마사즈미의 부하 오카모도 다이하치라는 사람이 하루노부에게 접근했다. 포르투갈 배와의 해상 전투에서 이긴 공로를 보상받도록 돕겠다고 했다. 보상 내용은 아리마 옛 영토를 돌려받는 것이라고 했다. 이 요청을 이에야스에게 넣겠다는 제안이었다. 하루노부는 이 제안을 받아들여 오카모도에게 원하는 거금을 지불했다. 하지만 일 년이 지나도록 응답이 없자 하루노부는 진상을 알아보려고 아들 나오즈미 부부와 함께 미야코로 올라갔다. 나오즈미의 처는 이에야스의 증손녀였다. 나오즈미 부부는 슨푸로 가서 이에야스를 만나 히루노부가 노년이 되었어도 가독을 물려주지 않는다고 불평을 토로하고, 하루노부는 혼다 마사즈미를 찾아가 오카모도가 한 제안을 확인하자 혼다는 처음 듣는 이야기라며 놀랐다. 이렇게 사건의 전말이 드러났다. 이에야스는 하루노부와 오카모도 다이치를 에도로 호출하여 오카모도 사기행각은 드러났다. 또한 하루노부가 나가사키 부교 하세가와를 암살하려는 의도까지 밝혀지자 이에야스는 하루노부 영지를 몰수하고 그를 참수형에 처하게 했다. 하루노부는 죽음을 맞게 되자 기도하며 참수의 날을 기다렸다. 그의 죽음을 기록한 글이다.

> 마침내 처형되던 날, 십자가 앞에 엎드려 큰소리로 자신의 죄를 고백하고 하느님께 용서를 청했다. 군사가 목에 일격을 가했다. 부인 쥬다는 신앙으로 남편 목을 두 팔에 받아들었다. 다이묘 부인답게 조금도 흩어진 모습 없이 오랫동안 응시하였다. 그날 이후 그녀는 삭발하고 3년 동안 남편 묘 옆에서 상복을 입고 살았다. - (슈타이숀『기리스탄 다이묘』)

나오즈미는 아버지의 처형이 있은 뒤 히노에 성으로 돌아와 가독을 이어받았으나 아버지와는 반대로 기리시탄을 박해하기 시작했다. 나오즈미도 세례받은 신자로 세례명은 미카엘이었다. 원래 그는 고니시 유키나가 질녀와 혼인했지만 유키나가가 세키가하라 전투에서 패하자 이에야스가 자신의 증손녀 쿠니히메와 혼인시켰다. 이후 기리시탄 박해자로 돌아섰다.

나오즈미는 교회를 파괴하고 그 자리에 절을 세운 뒤 승려들을 불러들였으며 신자들의 배교를 강요하게 했다. 이제 아리마에 신학교를 둔다는 것은 불가능한 일이 되어 버렸다. 교장은 포르투갈 출신의 마테오 데 코로스 신부는 예전에 이전한 적이 있던 나가사키 도도산으로 신학교를 옮겼다. 신자들도 나가사키로 이주하기 시작했다. 선교사들이 안심하던 아리마는 이제 위험한 땅이 되었다. 박해는 아리마에서만 일어난 것이 아니었다. 이에야스는 먼저 슨푸 성안에 살고 있는 자신의 가신들부터 조사해 명령을 따르지 않고 신앙을 지키려는 이들에게 추방령을 내리고 재산을 몰수한다는 것을 선교사들은 알았다. 추방된 이에야스 가신 중에는 시나가와에서 화형당한 하라 몬도와 오사카성에 입성해 동군과 싸운 오가사와라 곤노죠도 있었다.

이에야스는 세키가하라 전투 이후에도 관대해 선교사들의 포교를 눈감아 주고 있었다. 그러던 그가 어느 날 그리스도교에 대한 본심을 드러냈다. 강력한 금교령을 반포한 것이다.

선교사를 추방하고 그들의 땅은 다이묘들에게도 주지 않고 직할령으로 삼았다. 히데요시 시대보다 더 가혹한 박해가 실행될 것이 자명해지자 그리스도교 반대 정책을 알게 된 규슈의 다이묘들은 이에야스 추종 쪽으로 돌아서기 시작했다. 서서히 규슈에도 박해의 폭풍이 불었다. 지금까지 조용하던 호소가와 다다오키는 영내 선교사들의 활동을 금지시키고 교회도 폐쇄했다. 오무라의 요시아키도 확실하게 금교령을 선언하였으며 고토의 영주도 기리시탄에서 불교로 돌아섰다. 하루노부 실각 후 아리마를 이끌던 나오즈미는 휴가(日向)로 물러가고 나가사키 부교 하세가와 후지히로가 담당하기 시작했다.

히데요시 사망 이후 잠시 한숨을 돌리던 선교사들은 무거운 분위기 속에서도 폭풍이 지나가길 기다리기로 했다. 히데요리가 이에야스를 넘어뜨리면 선교의 자유가 올 수 있다는 실낱같은 가능성에 희망을 걸었다.

이 시기 우리 형제 베드로 키베 도슈쿠는 어디서 무엇을 하고 지냈는지 알 수 없다. 그도 이 견디기 힘든 분위기 속에서 자신의 미래를 생각하고 있었을 것이다.

05

유배의 나날

 유년 시절부터 일본인과 더불어 살았던 저는 그들에 관해 알게 된 바를 기초하여 보고드립니다. 엄격한 조사를 거치지 않고 일본인이 수사가 되는 것은 우리 예수회에 부적합하다고 생각합니다. 일본인은 유럽인과 비교할 때 천부적 재능이 결핍되고 덕에 전념할 능력도 부족합니다. (…) 그러기에 우리의 거룩한 종교는 아직도 깊이 뿌리 내리지 못하고 있습니다. 개종도 근래에 생긴 일이며 그리스도교의 근본적 지식과 이해가 부족합니다. 이러한 상황에서 예수회 입회를 허락함은 바람직하지 않다고 생각합니다. 이것은 제가 여러 해 동안 경험한 일을 바탕으로 내린 결론입니다. 예를 들어 일본인 입회자 100명 이상 있다 해도 그중 신자를 통솔할 자질을 갖춘 자, 교리에 통달한 자, 영혼 구원에 큰 열정을 가진 자도 없습니다.

　더욱이 사제의 능력을 갖춘 자는 지금 한 명도 없습니다. (…) 대부분은 소년 시절 세미나리오에서 교육을 받았으나 입회 후 수도회를 위해 무엇을 할 것인지 선발된 사명감이 얼마나 중대한 것인지, 이러한 질문에 제대로 답을 못하는 처지들입니다. 신학교 시절 확고한 생각 없이 교사에게 탄원해 어느 해는 13명에게 입회가 허락되었습니다. 일본인의 특징은 이렇게 위선입니다. 그들은 선천적으로 겸손과 냉정함으로 포장되어 있습니다. 외적으로 이렇게 포장하고 있으니 우리 수도회가 현혹되고 있습니다. 이들은 신앙심도 유럽인처럼 강인하지 못하고 수덕 생활도 불완전합니다.

이 글은 1577년 순찰사 발리냐노가 관백 히데요시와 알현할 때 통역을 맡은 예수회 수사 죠안 로드리게스 편지의 일부다. 이 편지는 신학교를 졸업한 일본인을 가혹하게 평가하였다. "교리에 통달한 자 없다. 영혼 구원에 대한 큰 열정이 없다. 맹목적인 예수회 입회. 선발된 사명과 중요성에 대한 식별이 없다. 겸손을 외적으로 포장했다. 사제가 될 능력을 갖춘 자 없다."는 로드리게스의 이런 판단은 아리마 신학교를 졸업한 이들이 신앙심 부족과 신학지식의 결핍으로 성직자가 될 수 없다는 것이었다. 발리냐노 순찰사는 일본교회 지주 역할을 담당할 인재 양성을 위해 아리마 신학교를 세웠다. 신학교 설립 후 18년이 지났으나 로드리게스 수사처럼 일본인 신학생들에게 엄한 잣대를 들이대는 비판자는 줄어들지 않고 있었다. 로드리게스 수사의 비판이 옳든 옳지 않든 선교사들은 그러한 분위기 속에 있었다는 것은 편지 내용으로 짐작할 수 있는 일이다. 실제로 외국인 선교사의 눈으로 본다면 졸업생들은 당시 사제들이 갖춰야 할 라틴어도 더듬거렸을 것이고 신학지식도 부족했을 것이다. 그러기에 부정적인 판단이 무리는 아니다. 하지만 당시 일본인에게는 전문적으로 교리를 배울 대학도 없었고 서적 또한 충분치 못했다.

로드리게스 편지가 1598년에 쓰였다는 것을 주목하자. 1598년은 베드로 키베가 신학교 입학하기 2년 전이다. 졸업생을 차갑게 보던 분위기는 키베가 졸업 후에도 달라지지 않았음을 알 수 있다. 키베가 졸업 후에 수도회 입회를 원했지만 허락받지 못한 이유 역시 이러한 분위기 때문일 것이다. 로드리게스의 지적처럼 학생들이 여러 조건을 갖추지 못한 것은 사실이다. 그러기에 학생들 역시 부족함을 느꼈을 것이고 선교사들의 차가운 시선에 부담을 느끼곤 했을 것이다.

일부 학생은 일종의 차별 대우로 생각해 남몰래 불만을 품기도 했을 것이다. 세속을 버리고 신앙의 세계 안에서만 살려는 그들의 소망은 선교사들과 똑같은 성직자가 되고 싶은 바람이었다. 성직자가 되어 일생을 하느님께 봉헌하고 사람들에게서 존경도 받고 싶어 했다. 신학교 졸업생이라면 누구나 종교심과 함께 이러한 생각을 하고 있었을 것이다. 이 무렵 베드로 키베도 그러한 졸업생 중 한 사람이었다. 그에게 주어진 임무는 도슈쿠의 일이었다. 수도자도 신부도 아닌 교회의 단순 협력자로서 선교사의 잡무를 돕는 조력자에 불과했다. 자신에게 가르침을 준 예수회에 들어가 사제가 되고 싶은 소망은 신학교를 졸업할 때부터 지닌 마음이었다. 키베는 희망의 꿈을 포기하지 못한 채 끈을 거머쥐고 있었다. 아마 이 시기 베드로 키베의 마음은 어둡고 음울했을 것이다. 선교사 중에는 로드리게스나 전 포교장 카브랄 신부처럼 입회를 부정적으로 보는 이들이 많았다. 그렇지만 신학교 졸업, 입회 허락, 마카오 유학, 순조롭게 사제가 되는 운 좋은 찬스가 있을 법하건만 키베에게는 그런 기회가 오지 않았다. 하느님께서 주시는 사명을 겸허하게 수용하는 것이 그리스도인의 의무다. 그렇더라도 언제까지 도슈쿠란 하찮은 일에 매여 있어야 하는 불만도 있었겠지만 키베는 교회 일과 성직자 수발 드는 잡무를 매일 수행했다. 8년간이나 도슈쿠 소임을 포기하지 않고 기꺼이 받아들였던 것이다. 도슈쿠는 성직자가 아니므로 혼인을 해도 무방했지만 키베는 27살까지 혼인하지 않았다. 언젠가는 사제가 된다는 꿈을 접지 않았다는 증거다. 반드시 입회가 허락되고 사제가 될 꿈을 마음에 새기며 살았던 8년을 그렇게 스스로에게 다짐하며 지냈을 것이다. 그가 어디에서 활동했는지 자료는 남아 있지 않다. 조치(上智)대학의 치스리크 교수는 나가사키에서 지냈을 것으로 추측한다. 1612년 이에야스는 아리마 하루노부 사건을 계기로 전국의 다이묘들에게 금교령을 내렸고 이후 아리마 박해가 시작되었지만 나가사키는 활기를 띠고 있었기 때문이다. 나가사키에선 이에야스 눈을 피해 새로운 성당을 짓기도 했다.

당시 나가사키는 인구 대략 5만의 도시로 대부분 기리시탄이었다. '산타 마리아 시간'[18]이 되면 성당에서 아이들이 성가를 불렀고 마을에서 놀던 아이들까지 불렀다고 한다. 이 시기 베드로 키베가 다른 장소가 아닌 나가사키의 도도산 그리고 미사키에서 수업을 계속하였다.

---

[18] 삼종기도. 오전 6시, 정오, 오후 6시 종을 치면 모두가 기도했다. (역주)

아무도 자신의 인생을 어느 시기에 갑자기 바꿀 수 없다. 하느님의 조용한 섭리가 어떻게 활동하시는지 인간의 눈으로 볼 수는 없기 때문이다. 키베의 경우도 그랬다. 우울한 마음을 가슴에 숨기며 묵묵히 도슈쿠 8년 뒤(1614년) 그의 인생에 반전을 일으키는 사건을 만난다.

1614년이 되기 한두 해 전부터 에도와 교토 그리고 규슈에서 박해의 속도는 빨라지고 있었다. 이에야스는 1612년 교토의 모든 교회의 파괴 명령과 금교령을 따르지 않는 가신에게는 엄한 처벌조치를 내렸다. 새 영주로 집권한 아리마 나오즈미는 신자였지만 박해자로 변신하고 오무라와 아마쿠사에서도 종교 정책은 강경책으로 바뀌었다. 신자들은 선택의 기로에 서야만 했다.

마침내 1614년 정월 27일 이에야스는 두 번째 금교령을 내렸다. 첫 번째는 슨푸(駿府) 중심으로 국소적이었으나 이번엔 범위를 확대해 전국 금지령이다. 이에야스는 그리스도교를 달갑지 않게 생각하나 남만무역이 주는 이익 때문에 내색하지 않았다. 더구나 무역과 선교는 불가분의 관계에 있었기에 포르투갈과 스페인의 요구를 받아들일 수밖에 없었고 선교사들에게도 관대했던 것이다. 세키가하라 전투 이후 선교사와 기리시탄들은 아주 짧은 봄을 즐기게 된 셈이었다. 이때 교세는 급속히 증가했다. 보고에 의하면 1610년에는 70만을 넘었다고 한다. 그러나 화려한 봄은 오래가지 않았다. 동양 무역을 둘러싼 구교국(포르투갈, 스페인)인 남만국가들과 신교도의 호북반(영국, 네델란드)의 무역 경쟁 파도가 일본까지 밀려왔기 때문이다. 이 파도는 일본에서 크게 일어났다.

1600년 오이타에 네델란드 동인도회사의 리프테 호가 입항했다. 이후 배의 항해사였던 윌리엄 애덤스[19]는 이에야스의 외교 고문으로 발탁되었다. 그는 이에야스 측에 무역정책에 대한 조언을 하며 포르투갈과 스페인을 견제했다. 이에야스 역시 애덤스의 조언을 받으면서 영토적 야심을 갖고 있는 가톨릭 국가들을 배제할 계획을 세운다. 이후 포르투갈의 일본 무역은 네델란드로부터 서서히 압박을 받게 된다. 포르투갈 세력이 일본에서 약해지자 이에야스의 난제였던 무역과 선교의 문제도 서서히 해결의 기미가 보이게 된다. 이에야스는 1610년, 기리시탄 다이묘 아리마 하루노부의 사건을 계기로 그리스도교 금지령을 내린 적이 있었다. 이듬해에는 곤치인 슈덴[20]에게 장문의 선고문을 적게 했는데 기록으로 남아 있다. 다음은 당시 선고문의 일부다.

---

19 영국인 항해사. 일본명은 미우라 안진(三浦按針)이다.(역주)
20 金地院崇伝: 에도 초기 교토 곤치사에 살던 선종의 승려. (역주)

기리시탄들이 상선을 타고 일본에 도항한다. 상선으로 물건만 주지 않고 함부로 사악한 법을 넓혀 가고 있다. 이로써 성안의 바른 종교가 현혹되고 있으니 나는 이를 바로잡기 원하며 일본인들이 올바른 길을 걷도록 하겠다. 그렇게 하지 않으면 큰 재앙의 싹이 될 것이다.

선고문에는 선교를 이용한 남만 국가의 일본침략에 대한 이에야스의 두려움이 있다. 히데요시처럼 이에야스도 잇코잇키의 돌발적인 종교 반란에 대하여 두려운 공포로 기억하고 있었던 것이다. 기리시탄의 단결을 자신의 통치에 반항하는 종교의 모습으로 단정한 것이 확실하다.

금교령은 1614년 정월 27일 반포되었다. 예측대로다. 선교사들은 혼란에 빠졌다. 일부는 히데요시 때처럼 일시적 폭풍일 거라며 기다리자고 했으나 사태는 심상치 않다. 교토에서는 오쿠보 다다치카가 에도막부의 명을 받들어 금교령을 엄하게 실행하였다. 교회의 파괴, 신자의 체포, 배교에 응하도록 고문과 위협이 가해졌다. 선교사와 도슈쿠의 명단이 작성되었고 블랙리스트에 오른 선교사와 신자들 중에는 국외 추방도 논의되었다. 추방령이 결정된 선교사들은 모두 나가사키에 집결하도록 명을 받았다. 선교사들뿐만 아니라 다카야마 우콘과 나이토 주안과 같은 유력한 기리시탄 무장들도 국외 추방이 결정되었다. 히데요시 때와는 비교할 수 없는 금교령이었던 것이다. 나가사키도 혼란과 흥분의 소용돌이에 휘말렸다. 5만 명 인구의 대부분이 기리시탄이었던 도시다. 마을마다 신앙을 고수하려는 이들과 배교자들이 등장해 어느새 저항파와 은닉파로 나눠지고 있었다. 2월에는 교토에서 추방된 선교사들이 도착하자 사태는 더욱 심각해졌다. 예수회 선교사들은 은둔을 주장하며 교회 문을 닫고 부활절 행사도 접었다. 프란치스코회와 도미니코회 그리고 아우구스티노회 선교사들은 금교령에 반대 입장을 분명히 했다. 그들은 40시간의 기도 모임을 열며 세력을 규합했다. 신앙의 증거를 위한 시위를 결정하고 부활절 후 실제로 수난을 각오한 시가행진을 했다. 흥분은 절정에 달했다. 순교를 각오한 대행진을 나가사키 부교도 어떻게 할 수가 없었다.

5월이 되자 나가사키 부교 하세가와 사효에와 야마구치 스루카는 직접 사가와 히라도 그리고 오무라에서 병사들을 소집한 뒤 나가사키에 계엄령을 내렸다. 교회는 차례차례 무너져갔다. 이런 상황에서도 학생들은 마을의 유력한 기리시탄 집에 기숙하며 조금씩 수업을 계속하고 있었다. 수업은 10월 초순까지 계속된 듯하다. 나가사키로 소환된 국외 추방자들은 마카오와 마닐라 두 곳으로 나눴다. 대부분 선교사들과 열렬한 신자들이었다. 하지만 그들을 싣고 갈 배가 준비되지 않았기에 10월 계절풍이 불 때까지 기다려야만 했다. 나가사키 인근 세 장소에 분산하고 작은 움막에 억류시켰다. 그러나 선교사들은 교회와 사제를 잃고 방황하는 신자들을 외면할 수 없었다. 떠나선 안 된다고 판단한 몇몇 선교사와 수사들은 잠복을 시도했다. 그러면서 그들은 오사카성에서 벌어진 이에야스와 히데요시의 긴박한 전쟁에 기대를 걸었다. 히데요시 측이 승리한다면 이에야스 금교령은 철회될 것으로 믿었던 것이다. 이런 연유로 잠복해 정세 변화를 기다려 보자는 것이 그들의 계획이었다. 잠복을 각오한 이들은 예수회에서는 112명 중 27명이었다. 하지만 열정적인 프란치스코회는 10명 중 6명, 도미니코회는 9명 중 7명, 아우구스티노회는 3명 중 1명이었다. 실제로 이들은 잠복하여 선교를 계속했다.

마침내 국외 추방의 날이 왔다. 10월 6일과 7일이었다. 여름에 도착해 있었던 마카오 무역선은 판매가 끝나지 않아 이용할 수 없음에도 불구하고 나가사키 부교는 기다리지 않았다. 대신 중국 정크 5척이 마카오행 추방자를 태워 가기로 했다. 베드로 키베도 마카오행 그룹에 끼어 배를 탔다. 잠복을 선택한 자와 떠나는 자와의 이별이다. 영원한 이별이 될 수도 있다. 떠나는 자는 다시 고국 땅을 밟을 수 있다는 보장이 없고 잠복하는 자는 그날부터 죽음의 위험을 각오해야만 한다. 베드로 키베가 잠복그룹에 남지 않은 심리에 나는 관심이 있다. 키베는 마카오에 가면 사제가 될 수 있는 신학 공부의 기회가 분명히 열릴 것이라 기대했을 것이다. 메이지 시대 학생들도 런던과 파리를 꿈의 도시로 여기며 찾아갔었다. 당시 마카오는 신학교 학생들이 유학을 동경하던 꿈의 장소였던 셈이다. 아리마 1기 기무라 세바스챤과 루이스 니아바라는 1594년 마카오로 유학을 떠났다가 7년 뒤인 1601년 나가사키로 돌아와 사제로 서품되었다. 키베는 이 일을 가슴에 새기며 기대를 품고 살았을 것이다. 이제 그 마카오로 간다. 키베는 감회에 젖었을 것이다. 추방당하는 일은 비통한 일이나 추방으로 새로운 길이 열렸으니 희망이 솟아남도 확실했다. 금교령이란 폭풍으로 그리운 이들과 이별하는 것은 괴롭지만 사제가 될 수 있는 기회가 주어졌으니 키베는 마음을 다잡는다. 그는 이렇게 기도했을 것이다.

"주님 잠시 제가 이들을 떠나는 것을 용서하소서. 사제가 되려는 의욕 때문만은 아닙니다. 이들을 위한 방법이기도 합니다. 저는 반드시 일본으로 돌아올 것입니다."

이 다짐이 없었다면 마카오 추방은 심적 고통으로 늘 그를 괴롭혔을 것이다.

5척의 정크선에 23명의 선교사와 29명의 수사 그리고 키베 같은 도슈쿠 53명이 탔다. 배가 출발하자 잠복을 결심한 2명의 신부가 탈출을 시도했다. 즉시 그들을 돕기 위해 준비된 작은 배가 뒤따라왔다. 배에 옮겨 타는 일은 쉽지 않았다. 1명은 성공했지만 1명은 실패했다. 성공한 이는 아리마 신학교 교장 로드리게스 신부였다. 정크에 남은 이들은 잠복을 위해 떠나는 로드리게스 신부를 위해 기도했다. 마음은 무겁고 비장했다. 정크에는 키베를 신학교에서 가르치던 교사와 선배와 동급생이 섞여 있었다. 초대 교장 모라 신부는 다른 배를 타고 있었다. 2대 교장 라몬 신부는 4년 전 나가사키에서 타계했다. 키베가 신학교에서 감화를 받았던 카르테론 신부도 보이지 않았다. 마닐라 선에 탑승해 있었다. 정크선에는 라틴어 교사 디아스 신부와 음악교사 리베이로 신부도 있었다. 라틴어 조교였던 일본인 수사 콘스탄티노 도라도, 이요주스토, 일본불교에 해박했던 루이스 나이토의 얼굴도 보였다. 소년단 일원이었던 마르티노 하라 역시 신부가 되어 같은 배를 타고 있었다.

1기생 니시 로마노, 3기생 오타 만쇼, 4기생 알렉시스, 5

년 선배 츠지 토마스, 야마다 주스토도 있었다. 후배 고니시 만쇼와 미노 출신의 미게루 그리고 미노에스(일본명 불명), 학생들의 신변을 돌보던 모리야마 미게루도 있었다. 이들 중 몇몇은 장래 키베의 운명과 동행할 인물들이다. 하지만 아직은 모른다. 서로가 어떤 운명 앞에 서게 될지 아무도 모르고 있다. 훗날 1기생 17살 연상의 아리마 출신인 니시 로마노와는 시암의 아유타야 일본인 마을에서 키베와 재회하게 되지만 지금은 서로가 모른다. 또 함께 배를 타고 있는 미게루 마쓰다는 훗날 자신과 함께 목숨을 걸고 귀국을 감행할 것이다. 그러나 지금은 아니다. 어떻게 미래의 일을 알 수 있겠는가? 자신들은 소매 자락 스치는 인연 정도로만 생각했을 것이다. 나가사키에서 잠복하고 있는 뽀루로 신부는 먼 훗날 자신을 배반한다고 꿈엔들 상상했겠는가?

두 그룹의 추방자들은 서로 다른 목적지를 행해 떠났다. 마닐라와 마카오다. 배가 나가사키 앞바다를 빠져나가자 바다는 사나워졌다. 남중국해 쪽으로 항해가 시작되었다. 심한 파도와 뱃멀미의 고통을 견디며 60명 이상의 추방자들은 마카오를 향해 가고 있었다.

마카오로 떠난 다음 날 마닐라행도 출발했다. 마닐라행에는 나머지 선교사들과 다카야마 우콘과 나이토 주안, 다른 기리시탄 무장들이 탔다. 사람은 많고 배는 작았다. 한 달 이상 걸리는 항해로 30명이 갑판이나 복도에서 잠을 자야 하고 환자와 사망자들이 속출했다. 거친 파도에 침수는 예사로운 일로 그때마다 물세례를 받는 인내와 비참의 여행이다.

키베에겐 바다 여행도 이국땅도 처음 겪는 경험이다. 1614년 당시 마카오는 쇠락한 곳이 아닌 무역 항구로 번창하는 큰 도시였다. 에드워드 디산데 신부가 편찬한 『덴쇼 연간 유구사절단 견문대화록』에는 사절단으로 갔던 소년들의 이야기가 실려 있다.

> 그곳은 포르투갈 사람뿐 아니라 그리스도교로 개종한 많은 중국인도 있고 상인들이 중국 각지에서 수집한 상품도 많다. 여러 민족들이 북적거리는 상업 도시고 동양 각국의 상인들이 상주하는 곳이다.

번영과 영화의 도시였다. 생사를 일본으로 수출하고 일본에서 은을 수입해 오는 국제무역의 중심지. 마을에는 중국인과 포르투갈 사람들이 섞여 살았고 일본의 하층민들이 노동자로 와 무수히 살고 있었다. 일본과의 관계가 소원해진다면 마카오의 번영은 힘을 잃을 것이 분명했다. 무역뿐만 아니다. 마카오는 일본과 중국의 최대 가톨릭 근거지가 되어 있었다. 소년사절단이 이곳을 경유한 일은 잘 알려진 사실로 순찰사 발리냐노는 도시 언덕에 수도원과 콜레지오를 세워 해외 선교지로 파견할 선교사 양성 장소로 사용하고 있었다. 그곳의 신학교에서는 인문과학과 예술 그리고 신학을 가르쳤다. 아리마 신학생들이 유학간 곳이기도 하다. 세바스쨩 기무라는 이곳 언덕 위에 있는 바오로 콜레지오 학원에서 공부했다. 성당을 중심으로 사방을 둘러싼 5각형 2층 건물이 건물이었다. 아쉽게도 건물은 1835년 화재로 소실되었다. 지금도 마카오를 찾는 방문객들은 화재로 검게 그을린 벽을 볼 수 있다. 건물을 지을 때 일본인 기리시탄들도 공사에 협력했다는 이야기가 남아 있다. 1602년 건물이 완성되었을 때 지붕은 금박을 입힌 아치형 구조로 벽면은 주황색과 청색으로 도색되어 먼 바다에서 바라봤을 때 첫눈에 띄는 아름다운 건물이었다.

1614년 1월 남중국해의 항해를 고통스럽게 견디고 목적지 마카오 인근에 왔을 때 키베 일행도 바오로 콜레지오 학원 건물과 성당을 보고 배 위에서 손짓하며 환호의 함성을 질렀을 것이다. 그곳은 자신들의 주거지가 될 곳이다. 키베가 동경하던 학교다. 교사 신부들과 유학한 선배들이 누누이 들려주던 바로 그 바오로 학원이다. 이제 그들은 예기치 못한 박해령으로 낯선 나라로 추방되어 왔다. 이곳 마카오에서 원하던 공부를 할 수 있다는 소망과 함께 추방자들에겐 희망의 땅으로 바뀌는 순간, 바다에서 마카오 언덕 위 높게 치솟은 성당과 학교를 바라보며 키베의 마음은 알 수 없는 슬픔과 희열이 교차하는 복잡한 심정이었을 것이다.

한편 키베 일행의 기분과 달리 마카오 예수회는 당혹스러워했다. 불가피한 일이나 솔직한 심정으론 거절하고 싶다. 23명의 신부, 29명의 수사, 53명의 도슈쿠를 맞이하기엔 학원과 교회 시설도 협소했다. 분명히 그들은 불청객이었다. 경제적 부담 역시 컸다. 또 다른 이유는 마카오에 거주하는 중국인과 포르투갈인의 반일 감정이었다. 1년 전 1613년에는 왜구의 폭력으로 골치를 앓던 명나라 조정이 마카오의 포르투갈 행정청에 압력을 넣어 일본인 퇴거를 요구한 사실이 있었다. 이때 90명 정도의 일본인이 추방되어 일단락된 상황에서 다시 추방자들이 마카오로 왔으니 예수회는 곤혹스러웠다. 마카오에 거주하는 포르투갈 사람들도 결코 호의적이지 않았다. 앞서 기록한 대로 1609년 마카오에서 일본인 선원과 포르투갈 선원이 크게 싸운 일도 있고 포르투갈 선박 데우스 호가 나가사키 해상에서 일본 수군에게 격침당한 일, 이런 사건들로 포르투갈 사람들의 반일 감정은 깊어져 자칫 포르투갈 사람들을 자극해 엉뚱한 일이 생길 수도 있는 일이다. 그러나 추방된 선교사와 교인들은 마카오 분위기를 몰랐다. 추방자들은 마카오에 뼈를 묻을 각오로 왔으니 당연히 따뜻하게 맞아 줄 것으로 기대하고 있었고, 키베 같은 젊은이들은 이곳에서 사제가 된다는 꿈을 품고 왔다.

상륙한 추방자들은 불청객임을 즉시 알아챘다. 그들은 조심하며 적응하려 노력했다. 하지만 한계가 있었다. 아무리 노력해도 편치 않은 감정은 양측 모두 같았다. 추방자들은 조금씩 마카오 예수회에 귀찮은 식객이 되어 가고 있음을 스스로 깨달았다. 1614년 그해 두 번째로 추방자들이 일본에서 마카오로 왔다. 예수회원들의 비명은 더욱 커졌다. 중국인과 포르투갈 사람을 자극하지 않도록 최대한 주의를 시키고 가능한 바오로 숙소에서 나가지 않도록 했다. 일종의 감금 생활이었다. 키베 같은 젊은이들은 불안해했다. 마카오 예수회에서는 일본에서 온 선교사들과 의논해 금교령이 해제될 때를 기다리며 재학생과 졸업생들에게 수업을 계속하기로 했다. 아루바로 로베스라는 포르투갈 사람의 집을 교실로 사용했다. 50명 정도가 수업을 들었다. 물론 키베도 참석했다. 교사는 일본에서 라틴어와 성가를 가르치던 빈센데 리베이스 신부였다. 일본인 수사 콘스탄티노 도라이는 라틴어 보조교사를 담당했고 나이토 루이스는 일본종교를 강의했다. 자유 없는 일상에서 학업을 계속하며 키베는 꿈을 포기하지 않았다. 키베는 꿈이 있어 마카오로 왔다. 선교사들과 기리시탄들도 고국으로 돌아갈 희망으로 견디었다. 오사카 전쟁에서 히데요리가 승리하면 금교령은 해제되고 귀국도 가능하리라 믿었다. 키베 일행의 급박했던 당시 심정을 충분히 이해할 수 있다.

당시 마카오 기숙사에는 예수회원이 아닌 일본인 신부 한 사람이 묵고 있었다. 키베 일행이 오기 3개월 전부터 있었다. 그는 유럽 유학을 마치고 일본으로 귀국하기 위해 배를 찾고 있던 중이었다. 다음에 다시 이야기하겠지만 그는 일본인으로서는 두 번째 유럽 유학생이며 이름은 아라키 토마스였다. 그의 신원에 대한 이력은 자료가 없어 알 수 없다. 하지만 아리마 신학교 졸업생은 아니다. 어떤 방법으로 유럽 유학을 했는지도 불분명하다. 로마의 신학교를 우수한 성적으로 졸업했던 그는 우연히 마카오에서 추방자 동포들과 도슈쿠들을 만났다. 유럽 유학을 마치고 그곳에서 서품된 사제 아라키야말로 키베 일행에게는 눈부신 선망의 대상이었다. 아라

마카오 성 바울성당

키 신부는 이들에게 유럽 유학을 권했고 가는 방법과 로마에서 신부가 되는 방법도 알려 줬을 것이다. 그러면서 키베 일행에게 정치적 발언도 덧붙였을 것이다. 자신이 직접 보고 온 그리스도교 국가들의 동양침략의 비판이다. 침략과 교회의 관계. 침략을 묵인하는 교회의 모습. 아라키 토마스의 발언에 키베 일행이 어떤 반응을 드러냈는지는 알 수 없으나 공분하는 자도 침묵하는 자도 있었을 것이다. 아라키의 발언은 논쟁거리가 될 수 있었다. 일본의 위정자들은 그리스도교 선교가 유럽 침략주의의 연결고리라고 여겼으므로 이들에게 추방령을 내렸던 것이다. 선교사들은 침략주의와 무관함을 주장한다. 위정자가 옳은가? 선교사가 옳은가? 아라키는 중대한 문제점을 제기했다. 키베는 이 문제에 어떻게 대처했을까? 자료는 없다. 아마 침묵으로 응대했을 것이다. 마카오에서 만난 아라키 신부는 키베 일행에게 눈부신 존재였지만 상큼한 존재는 아니었다. 아라키는 다음 해 마카오에서 밀입국에 성공해 4년간 선교에 열중하며 살았다. 아라키 신부는 키베 일행에게 독자적인 유럽 유학의 가능성을 일깨워 준 사람이었다. 그의 등장으로 키베는 또 다른 도전의 꿈을 갖게 되었다.

06

일본을 뒤로 하고

마카오 예수회에서 '불청객' 신세로 다소 굴욕감과 불편함은 있었으나 다행한 일은 생명의 안전은 보장되었고 신앙도 지킬 수 있었기 때문이다. 그뿐만이 아니었다. 짧은 일 년간 수업도 계속할 수 있었다. 내가 마카오를 방문했을 때 검게 그을린 바오로 학원의 벽 앞에 잠시 멈춰 선 적이 있다. 키베 일행은 두고 온 고국의 기리시탄들의 아픔에 대해 어떤 생각을 하면서 살았을지 그런 상념에 잠기곤 했다. 자신은 신앙과 안전이 보장된 곳에서 지내고 있으나 나가사키와 아리마에 남겨진 일본인 신자들에 대한 고통의 도가니 속의 절규를 생각하며 자신과 대면하지 않았을까?

무슨 변명을 한다 할지라도 키베 일행은 신자를 버리고 마카오로 왔다. 추방령을 탓할 수 있겠지만 선배와 선교사들은 박해받는 신자들을 포기하지 않았다. 안전한 신앙을 보장받기보다 고통 중에 있는 그들과의 연대를 선택했던 이들과 비교해 볼 때 키베 일행은 뒤가 켕기는 느낌을 받았을 것이다. 신자들을 두고 온 가책 때문에 마카오에서 박해의 땅으로 돌아간 선교사들도 있다. 이탈리아 출신 아담 신부는 마카오에 도착하자 즉시 일본으로 돌아갔고 빠시오 신부와 죠라 신부 또 일본인 사다마츠 가스팔 수사도 즉시 돌아갔다. 그들은 일본에 남아 있던 신자들을 외면할 수 없었던 것이다. 자신의 신앙을 지키면서 안전한 곳에 계속 머물 것인가? 아니면 그리스도교를 금하는 고국으로 돌아가 교우들의 고통에 동참할 것인가? 그것은 양심을 괴롭히는 질문이었다. 그러나 키베는 귀국하지 않고 마카오에 남기로 했다.

키베가 귀국할 마음이 있었다면 선교사와 다른 수사들처럼 규슈로 잠복할 수 있었다. 실행하지 않은 키베의 심리가 자못 궁금하다. 당시의 심리 상태는 이후 키베 생애에도 분명 영향을 끼쳤을 것이다. 추방령 이후 막부는 신부들이 모두 마카오와 마닐라로 떠났다고 믿었으나 실제로 46명의 신부와 수사들이 잠복해 있었다. 비밀리에 신자들의 도움으로 마을의 으슥한 곳이나 산속 동굴에 숨어 있었다. "몰래 나오려고 입구를 엿보니 창이 막대기 2개 정도로 작다. 60일 동안 찜통더위를 견디며 숨어 있었다. 마을로 나가면 발각될 위험이 있어 다시 동굴로 돌아왔다." 어느 잠복 신부의 기록이다.

> 신부들은… 수인과 같은 생활이다. 공기도 햇빛도 거의 닿지 않는 장소에 숨어 있다. 축축하고 습기 찬 곳에서… 소량의 쌀과 몇 마리의 생선, 소금에 절인 야채, 영양가 없는 식사로 겨우 연명하고 있다. 발은 피투성이고 몸은 야위었다. 마치 불량배처럼 밤에만 나온다.
> - (레온 파제스『일본 기리시탄 종문사(日本切支丹宗門史)』

신자들은 가난한 가운데에서도 먼저 잠복 사제들의 식사를 챙겼다. 형리들이 탐색에 나서면 즉시 은닉장소로 달려가 신부들에게 알렸다. 일본 그리스도교 역사 가운데서 이렇게 신자와 사제가 일심동체가 된 예는 없다. 초대교회를 닮은 강한 결단력으로 자신들의 신앙을 지킨 시기는 두 번 다시 볼 수 없을 것이다.

박해자들은 팔짱만 낀 채 보고 있지 않았다. 박해의 정도는 지방에 따라 달랐지만 혹독했던 지방은 아리마였다. 예전부터 영주 하루노부의 보호로 기리시탄 왕국이던 아리마다. 하지만 나가사키 부교 하세가와 사효에 혹독한 탄압을 가했는데 배교를 강요하는 고문 장소를 예전의 히노에성 내에 있던 신학교 자리를 선택했다.

> 마을의 신자 지도자를 이곳에 출두시켜 주위를 병사들이 둘러쌌다. 밧줄로 만든 회초리를 든 20여 명의 형리가 머리와 귀를 갈고리로 누르고 잡아당겼다. 또는 나체로 세워 놓고 구타하거나 발을 옭아매고 꿇어앉힌 후 흙투성이 짚신으로 얼굴을 밟았다. 일본의 형벌 중에서도 가장 잔혹한 형벌로 모욕을 주는 형벌이었다. -『일본 기리스탄 종문사』

예전에 학생들이 라틴어를 배우고 성가와 오르간 소리가 흘러나오던 그 장소가 피투성이 자리로 변해 버린 것이다. 배교하지 않는 70명은 양쪽 다리 사이에 나무를 끼우고 짓밟히는 다음 단계의 고문을 받았다. 서서히 배교자와 신념을 포기하지 않는 자로 나뉘어졌다. 신념을 포기하지 않던 이들은 나체가 되어 참수형을 받고 사라졌다. 신학교가 한때 피난해 있었던 아리에 마을도 박해는 가혹했다. 지옥의 그림이 전시되듯 똑같은 일이 반복되었다. 손가락과 귀가 잘린 채 끌려다니다 마지막은 참수였다. 빌리냐노가 신학교 창설을 제안했던 구치노즈 성당에서도 3일간 무시무시한 고문이 있었다. 뼈 분지르기, 바위에 내리치기, 거꾸로 매달기, 불에 달군 쇠판을 얼굴에 찍기, 다리 힘줄이 끊긴 이도 있었다. 많은 이들이 그렇게 죽어갔다.

아리마 나오즈미는 자신의 가신들까지 신자라면 처벌하였다. 중신 4명의 손가락을 자르고 코를 베었으며 각인 판으로 이마를 눌렀다. 겁먹은 신자들은 산으로 피신했다. 나가사키에 잠복했던 신부들이 이들을 돕기 위해 아리마로 가려고 했지만 허사였다. 길을 통제했기 때문이다. 연락은 단절되었고 배를 타고 바다로 피신 나온 신자들과 겨우 접촉할 수 있었다.

잠복한 이들 중에는 신학교 교사 신부와 졸업생들도 있었다. 이탈리아 명문가 출신 카롤로스 스피놀라 신부[21]도 4년간 위험을 무릅쓰고 나가사키에 잠복하다가 1618년 겨울 체포되어 순교했다. 소년사절단의 한 명인 나카우라 줄리안 신부[22]도 동료와 선배들은 구치노즈에 잠복해 신자를 돌보

---

21 예수회. 천문과학자. 1622. 9. 10일 화형. 205위 순교복자. 스즈다의 감옥을 기록으로 남겼다. (역주)
22 예수회 규슈 지역 잠복. 1633. 10. 21 아나즈리 순교. 188위 복자. (역주)

다 순교했다.

뽀루로 신부는 키베가 동생과 함께 신학교 재학 당시 일본어를 습득하기 위해 이 학교에 머물다 후에 수사학 교사가 된 신부다. 그는 어느 날 나가사키를 탈출해 히데요리와 요도기미가 살고 있는 오사카로 갔다. 장상의 지시로 오사카의 기리시탄들을 돌보기 위해 갔다. 당시 선교사들은 박해 중에도 마음대로 활동하지는 않았다. 적은 숫자였지만 박해 이전같이 조직망을 통해 장상의 지시에 따라 순종하며 행동했다. 선교사들은 추적을 피해 동굴이나 땅굴에서도 살았다. 설혹 어떤 집에 산다 해도 이중으로 벽을 치고 외부에 노출되지 않도록 했다. 어느 신부의 기록이다.

우리는 늘 어둠 속에 갇혀 지낸다. 밤이 되면 낮에 머물던 집을 나와 다음 집으로 옮긴다. 어느 집이든 하룻밤 이상 머물지 않는다. 기다리는 집으로 가면 먼저 환자의 죄 고백을 듣는다. 신자들이 모여들면 그들에게도 고해성사를 준다. 동네가 잠잠해지는 밤 10시경까지 계속하다가 그 집에서 잔다.

고문에 넘어간 신자가 신부의 장소를 불면 아무리 조심해도 형리가 불쑥 나타난다. 믿고 있던 신자도 언제 고문에 넘어갈지 모른다. 잠복 신부는 누구를 믿고 누구를 믿지 말아야 할지 모른다. 연대감과 경계심을 동시에 지니고 살아야 한다. 그저 운명을 신자들에게 맡길 수밖에 없다. 신앙을 지키는 것은 전쟁과 같다. 잠복 신부들은 늘 순교를 가르쳤다.

영원한 승리의 영광은 고문과 죽음의 공포를 이기는 자가 차지한다. 위협에 굴복하여 신앙을 부정한 자는 지옥으로 떨어진다. 무사는 전장에서 목숨을 돌보지 않고 승리의 땅을 찾아 나서는 법이다. 하물며 천국이야 어떠하랴.

-『순교의 권유』

배교는 표면상이든 편의상이든 용납되지 않는다. 실제로 그리스도를 배반한 것이 된다. 예수의 가르침도 그렇다. 두 주인을 섬길 수 없다고 했다. 신자들은 두 부류로 나뉘어졌다. 신념을 관철하기 위해 고문에 굴하지 않고 죽음을 두려워하지 않는 강한 신자와 고문과 죽음이 두려워 신념을 버리는 연약한 이들이다. 기리시탄은 강한 신자로 남든지 배교하든지 선택의 삶을 살아야 했다. 강한 자에게 구원은 희망이요 마음의 위로였다. 구원을 향한 기도와 노력만이 자신을 지킬 수 있는 길이었다. 그러나 조용히 데우스(하느님)만을 생각하고 기도할 수는 없다. 데우스는 왜 이런 고통을 허락하시는가? 데우스는 어찌하여 침묵하시는가? 그런 생각이 모든 신자들의 생각이었다. 이런 풀리지 않는 의구심에 시달리는 것이 늘 고통스러웠다. 그들의 의문에 잠복 사제들은 그것이 데우스의 사랑이며 자비라고 가르쳤다. 순교의 준비에 초점을 두었다.

순교의 때가 오면 인간의 힘을 믿지 말고 어떤 난폭한 고통에도 사력을 다해 인내해야 한다. 그러나 순교는 자신의 의지만으로는 되지 않는다. 반드시 데우스의 도움이 있어야 한다. 하느님께 목숨을 바치는 고난을 인내해야 한다.

-『순교의 권유』

이렇게 선교사들은 예수가 십자가 위에서 고통을 겪으셨음을 강조했다.

무고하게 괴롭힘을 당할 때 예수의 수난을 바라보라. 주님과 성모님 그리고 천사와 모든 성인들이 천상에서 우리의 전투를 보고 계신다. 천사가 승리의 월계관을 들고 우리 영혼을 기다리고 계심을 바라보라. --『순교의 권유』

하지만 이렇게 강렬한 권고와 위로에도 고문과 죽음의 공포를 견딜 수 없었던 이들은 신앙을 포기하고 배교의 길을 갔다. 교우들과 선교사들이 가장 기대를 걸었던 신학교 졸업생 중에도, 사제 가운데서도 배교자가 나왔다.

마카오에 있는 키베 일행도 고국의 박해 소식을 접했다. 마카오로 피난 온 신자들로부터 또 잠복 신부들이 보낸 편지에서도 확인했다. 아리마와 나가사키에서 함께 공부하던 동료들이 어떤 고난을 마주하고 있는지도 알았다. 무엇보다 자신들이 공부하던 장소가 고문과 처형의 장소로 변했다는 소식에 가슴이 아렸을 것이다. 하지만 그들은 박해의 한복판인 고국과 멀리 떨어져 있다. 신자들을 떠나 안전한 장소에 있다. 아무리 변명해도 고통의 연대를 일본 교우들과는 끊은 상태다. 귀국하면 어떤 운명이 기다리고 있을지 자명하다. 잠복 선교사와 마찬가지로 낮에는 동굴에 숨고 밤이면 박쥐처럼 활동할 것이다. 끊임없이 쫓는 이의 눈을 피해야 한다. 체포의 위험을 벗어나는 투쟁의 삶을 살아야 한다.

그런데 여기 마카오의 생활은 다소 굴욕적이긴 하나 고국의 신자들이 겪는 위험은 없다. 죽음의 공포도 없고 안전이 보장된 삶을 살고 있다. 키베 일행은 고국으로 돌아갈 길을 선택하지 않았던 것이다. 동포의 고통을 모른 척했고 순교의 기회도 비켜간 것이 되었다. 이들 심정은 어떠했을까? 자기변호를 했을지도 모른다. 아직 도슈쿠 신분, 도슈쿠로 귀국한들 신자들을 위해 무엇을 할 수 있겠는가? 신부들처럼 죄를 사해 줄 자격도 병자성사를 줄 권한도 없다. 그들의 고통을 보기만 할 뿐이다. 그러니 신부가 될 때까지 귀국을 연기하고 있는 것이다. 사실 그렇다.

일본 상황이 바뀔 날을 기대하며 어느 교우 집에서 공부를 계속했다. 상황이 바뀐다는 것은 오사카성 전쟁(1615년)에서 히데요리가 승리하는 것이었는데 오사카성은 함락되었고 희망은 물거품이 되었다. 수업은 중단되었고 학생과 졸업생들은 마카오에서 처지가 곤란한 입장이 되었다. 이들이 귀국을 원했다면 장상은 찬성했을 것이다.

한편 선교사들은 계속해서 밀입국하여 잠복을 감행하고 있었다. 박해 이후 1~2년 사이 기록에 남은 입국 선교사 숫자는 20명에 가까웠다. 20명이 밀입국했다는 것은 감시가 엄했지만 신자들의 필사적인 도움이 있었다는 증거다. 이렇듯 귀국의 가능성은 적지만 열려 있었다. 키베 일행이 일본에 돌아가지 않은 것은 장상의 명령이 아니라 자신들의 결정이었던 것이다.

키베 일행이 마카오에 추방되던 그해 11월 도쿠가와 이에야스는 오사카성을 공격했다. 공격은 잠시 멈추었다가 이듬해 4월 재공격하여 5월에는 오사카성이 불타게 되었다. 히데요시가 오랜 세월 지은 거대한 성이 화염에 휩싸인 것이다. 여름 전투에서 이에야스는 완벽한 승리로 끝을 냈다. 전쟁이 있는 동안 박해의 손길은 잠시 느슨해져 기리시탄들에게는 잠시나마 행운의 시기였다. 마카오와 마닐라 선교사들은 이에야스가 패망하기를 기대했었다. 오사카에는 기리시탄 다이묘 소린과 유키나가의 가신들이 살고 있었다. 신자로 추방당한 구로다의 가신 아카시 카몬 등은 히데요리가 승리하면 선교의 자유가 올 것이라는 기대감을 갖고 있었다.

이 무렵 오사카에는 6명의 선교사가 있었다. 2명은 마닐라에서 잠입했고 4명은 이전부터 살고 있던 선교사였다. 그중 한 사람은 아리마 신학교에서 키베를 가르쳤던 뽀루로 신부다.

성과 마을이 모두 화염에 휩싸이고 약탈과 폭행이 난무하는 것을 선교사들은 보았다. 피난민 무리에 섞여 탈출하지 않을 수 없었다. 토루레스 신부는 아카기 카몬의 저택에서 나오다가 군사들에게 발각되어 쫓기는 신세가 되어 거의 알

몸으로 달아났다. 동행하던 도슈쿠는 살해되었고 2킬로 정도 시체를 밟으며 기시와다로 겨우 피신할 수 있었다. 뽀루로 신부도 마찬가지였다. 화염 속에서 신자의 고백을 들었고 한 명에게는 세례성사까지 주었다. 새벽녘에 겨우 교외로 도망쳐 나왔지만 겉옷은 빼앗기고 낡은 속옷만 걸치고 나왔다. 기적적으로 도쿠가와 진영을 통과해 이도 마사무네 진영으로 피신할 수 있었다. 이도 마사무네는 기리시탄에게 관대했던 무장이다.

그런데 전쟁 소식은 마카오에 잘못 전해져 히데요리의 승리로 알려졌다. 잘못이라기보다는 히데요리 승리만을 기대하고 있던 마카오 기리시탄들의 환상이 만든 왜곡일 수 있다. 오사카 측의 승리란 오보에 키베 일행은 환호를 터트렸을 것이다. 선교사들은 다시 일본으로 돌아가 자유롭게 선교할 수 있다는 희망으로 아리마 교장을 지낸 코로스 신부를 일본으로 보낼 계획을 세웠다. 승리한 히데요리에게 축하사절로 가는 구상이었다. 1615년 여름 코로스 신부는 마카오를 떠나 나가사키로 잠입했다. 얼마 후 반대의 사실을 알고는 경악했다. 이제 도쿠가와가 승리한 이상 기리시탄 탄압이 더욱 심해질 것은 분명했다. 코로스 신부 보고서에 의하면 절망한 마카오의 성직자들은 일본선교를 포기한다. 순찰사 발리냐노와 관구장 카루바리요 신부는 더 이상 사제 양성이 필요 없다고 판단해 학생과 졸업생 50명 중 4명만 면학을 허락하고 다른 이들은 방치하였다. 신자 집에서 하던 수업도 즉시 중지되었다. 긴 세월 역경을 이겨냈던 아리마 신학교는 일본이 아닌 마카오에서 완전히 폐교되었던 것이다. 이후 신학교는 재건되지 않았다. 이제 남은 것은 신학교에서 공부한 일본인 신학생들의 운명이었다. 방치된 일본인 중에 베드로 키베가 있다. 우울한 기분으로 매일을 보내며 부당한 처사를 받았다고 불평하는 자도 있었고 사제의 꿈을 접게 되자 분노하는 자도 있었다. 그들의 분위기를 알아챈 마카오 성직자들은 비판의 눈으로 바라보기 시작했다.

길은 두 갈래밖에 없다. 고국으로 돌아가 숨어 있는 동포들과 박해의 고통을 나누는 길. 다른 하나는 선교사들의 도움을 받지 않고 아라키 토마스처럼 홀로 면학의 길을 찾는 길. 두 갈래 길에서 키베는 후자를 택했다. 다시 귀국해 죽음의 위협에 몸을 맡기는 것을 택하지 않았다. 순교를 회피한 것이다. 박해받는 동포들의 시선에 잠시 눈을 감기로 한 것이다. 자신은 도슈쿠에 지나지 않는다는 무력감 때문일 수도 있다. 먼저 신부가 되어 동포 신자들을 돕겠다는 자기변명이

작용했는지도 모를 일이다. 키베의 심정을 이렇게 분석하는 것이 가혹한 것인지도 모르겠다. 그는 신부가 되기 전에는 귀국하지 않겠다는 소박한 원의를 갖고 있었다. 하지만 그의 원의는 마카오 장상들에게는 세속적인 야심이나 개인적 야망으로 비칠 것이 확실했다. 당시 순찰사 발리냐노 신부는 키베 일행의 보고서 안에 비판의 글을 남겼다.

> 이 젊은이들은 신부가 되어 일본으로 돌아가려고 한다. 일본에서 신부라는 신분은 명예스럽고 유익이 되기 때문이다…. 그들은 갓 신자가 된 이들이고 자존심 강한 풋내기일 뿐이다.

순찰사 발리냐노는 이들의 믿음을 의심했었다. 명예와 이익 때문에 신부가 된다면 고국에 돌아가도 믿음은 흔들릴 것이고 박해 중의 신자들에게 악영향이 된다고 판단했던 것이다. 이것은 발리냐노의 오해였을까? 일본으로 돌아왔던 신학교 교장 코로스 신부는 마카오 성직자들이 신학생들을 이해하지 못했다는 것을 편지에 호소하기도 했다. 아무튼 키베 일행은 발리냐노의 눈에 좋지 않게 비친 것은 사실이다. 그들은 진정 '신부는 명예스럽고 유익하다는 생각'이 개인적이고 세속적인 야심을 전혀 갖지 않았다고 아무도 말할 수 없다. 순찰사 발리냐노 신부의 지적도 일부분은 인정해야 할 것이다. 어쨌든 이제 마카오에서 이들에게는 공부할 곳도 일할 곳도 없다. 키베는 몇몇 동료와 마카오를 떠날 궁리를 한다. 자신들의 힘으로 신부가 되는 길을 찾기 위해서다. 마카오를 떠나 어디로 갈 것인가? 이곳 장상들은 도슈쿠로만 본다. 그런 시선이 있는 한 마닐라로 간다 해도 마닐라 또한 받아 주지 않을 것이다. 추천장이나 허가서를 갖고 가지 않는 한 공부를 계속하는 것은 불가능하다고 판단했다. 그렇다면 방법은 하나밖에 없다. 아라키 토마스가 가르쳐 준 대로 인도로 가는 것이다. 인도 고아에는 사제 양성 학원이 있기 때문이다. 그곳도 불가능하다면 저 성지 로마로 가자. 로마라면 예수회같이 추천장이 없어도 된다. 아라키 토마스처럼 신부가 될 길을 찾을 수 있을 것이다. 그들은 충분한 정보도 없고 주도면밀한 분석도 없이 유럽 여행을 논의했을 것이다. 물에 빠진 자가 지푸라기라도 잡으려는 심정과 같았을 것이다. 그렇다. 누구의 지원도 받을 수 없고 달리 계획을 세울 방법도 없으나 일단 인도 고아로 가자. 고아에서도 길이 없으면 유럽으로 가자. 그들은 유럽까지 가는 길이 얼마나 어려운 여정이며 어떤 위험을 만나게 될지 개의치 않았다. 문자 그대로 모험 유학이다. 발길 닿는 대로, 부딪치는 대로 대처할 생각으로 가는 유학의 길. 어느 시대나 모험심은 젊은이들을 흥분시킨다. 그리고 사기를 북돋게 한다.

일본인으로 유럽에서 유학했던 두 사람. 최초의 유학생은 베르나르도다. 일본의 첫 선교사 프란치스코 하비에르 신부가 가고시마 청년 베르나르도에게 세례를 주고 유학을 보냈던 사람이고 다른 한 명은 예전에 말했던 아라키 토마스다. 키베 일행은 유럽이 어떤 곳인지 조금은 알고 있었다. 선배 소년단이 파견되었던 곳. 이토 만쇼와 나카우라 줄리안 선배가 갔던 곳이다. 그들을 통해 스페인과 포르투갈 그리고 로마에 대해 들었다. 그 나라와 그 도시에 갈 수 있다는 생각에 키베 일행은 다시 희망을 되찾았다. 더구나 키베는 고향 구니사키에서 해적의 피를 물려받은 젊은이다. 바다 건너 이국 땅으로 간다는 생각에 그는 피가 솟구치는 흥분을 느꼈을 것이다. 한편 이렇게 들뜬 기분과 함께 께름칙한 마음도 있었다. 박해받는 교우들을 외면한 채 낯선 나라로 떠나려 한다는 생각이었다. 뒤가 켕기는 이 마음은 베드로 키베 생애에 커다란 그림자로 따라다녔을 것이다. 나는 그렇게 생각한다.

히데요시 일족을 멸망시킨 뒤 도쿠가와 정권은 통합 정책을 펼쳤다. 그러면서도 기리시탄 금교령은 강화했다. 오사카의 겨울 전쟁과 여름 전쟁 중에는 금교령이 느슨했고 이에야스가 살아 있는 동안은 완화정책도 있었다. 그러나 그가 죽자 상황은 바뀌어 이에야스의 후계자 히데타다는 전국의 다이묘들에게 금교령을 단호히 실행할 것을 명했다. 이에야스가 죽은 다음 해 1617년경 베드로 키베 일행은 인도 고아로 가는 배를 탔다. 이때 일본에서는 50명 정도의 잠복 사제가 선교를 계속하고 있었다. 몇 명은 체포되어 연이어 순교했다. 이러한 일본을 내버려두고 1617년에서 1618년 사이 키베 일행 몇 명의 도슈쿠들은 마카오에서 배를 탔다.

07

사막을 횡단한 자

우울한 마카오 생활을 접고 키베 일행이 언제 그곳을 떠났는지 정확히 모른다. 마카오에서 더 이상 학업을 계속할 수 없었던 1617~8년쯤으로 추측할 뿐이다. 동행한 동료들의 이름도 키베 이외 미노 출신의 미게루 미노아스(일본명 불명)와 고니시 유키나가의 손자로 추측되는 고니시 만쇼 이외는 불명이다. 물론 몇 명인지 모른다.

이들에게 인도까지 갈 여비가 있을 리 없다. 마카오를 떠나는 일을 장상들은 만류도 허락도 할 수 없고 유쾌히 허락하는 입장도 아니었다. 차가운 눈으로 바라봤을 것이다, 여비도 없이 인도행 배를 탔으니 여행자가 아닌 임시 하급선원으로서 탔을 것이다. 키베 일행은 무모하게 계획 없이 인도를 향해 떠났다. 인도에 도착해서도 어디서 뭘 했는지 전혀 알려지지 않고 있다. 하지만 그들은 신부가 되겠다는 강한 의지와 비장한 각오로 떠난 이들이다. 인도의 고아를 첫 목표지로 삼았다는 것만은 확실하다.

동양의 리스본이라 불리던 고아, 포르투갈이 동양 진출의 근거지로 삼았던 고아는 최고 전성기엔 30만 명이 거주했다는 기록이 있다. 당시 유럽의 대도시와 견주어도 뒤지지 않는 숫자다. 도시를 관통하는 만도비강 주변의 언덕과 평지에는 포르투갈을 연상케 하는 대성당과 수도원이 있었고 엄청난 저택들이 운집해 있었다. 오랫동안 회교도가 지배하던 이곳을 포르투갈은 1510년 식민지로 만들었다. 이후 인도양 함대를 타고 리스본의 선교사들이 대거 이주했다. 처음에는 프란치스코 수도회가 활동을 시작했지만 예수회가 이어받아 동양 선교의 근거지로 확대해 갔다. 프란치스코회가 세웠던 바오로 학원은 프란치스코 하비에르 이후 예수회에서 관리했다. 아리마 신학교보다 수준 높은 교육으로 유럽인과 현지인들을 가르쳐 인기가 있었다. 1547년 하비에르 선교사가 말라카에서 만난 일본인 야지로도 이 학원에서 그리스도교 교리를 배웠다. 키베보다 앞서 인도의 고아를 방문했던 일본인도 꽤 있었다. 물론 야지로도 그중의 한 사람이다. 하비에르가 1551년 11월 일본을 떠날 때 오토모 소린은 고아의 포르투갈 총독에게 우에다 겐사라는 사신을 보냈다는 기록이 있다. 하비에르 제자로 유학을 떠났던 가고시마 출신의 베르나르도와 야마구치 출신의 마태오도 고아를 방문했고 이곳에서 수학했다. 키베 일행보다 3년 앞선 일이다. 신학교 선배 소년단이 유럽을 왕복하며 인도의 고아에 들러 오랫동안 거주한 일도 알려진 사실이다. 그들로부터 고아의 바오로 학원 이야기는 들은 적도 있을 것이다. 과목도 다양했다. 철학과 신학을 집중적으로 배웠고 음악과 라틴어 그리고 미술과 과학도 배울 수 있었다. 학생은 3천 명이 넘었고 교수도 80명을 상회했다. 일본의 작은 마을에 있던 아리마 신학교와는 비교할 수 없는 대학이었다. 키베 일행을 태운 배가 고아까지 가면서 어느 나라 어떤 항구에 들렀는지도 모른다. 그들은 태어나 처음으로 아시아의 작은 나라들을 봤다. 자신들과 다른 민족과 인종을 만나는 색다른 체험도 했다. 아열대의 강렬한 햇빛과 색채는 분명 그들을 취하게 했다. 그러면서 먼저 이곳을 지나갔던 아라키 토마스와 같이 '봐서는 안 될 것'도 목격했다. 발리냐노 신부는 소년사절단과 함께 이 항로를 따라 유럽으로 갔다. 소년들에게 '봐서는 안 될 것'을 감추려 고심했음은 서간에서 엿볼 수 있다. 하지만 소년단의 한 명이었던 치지와 미게루는 그것을 보았고 훗날 배교자가 되었다. 봐서는 안 될 것이란 그리스도교 국가의 동양 침략을 구체화한 모습이다. 마카오에서 아라키가 했던 말은 사실이었다. 실제로 1510년 포르투갈의 아루구케루케 장군이 점령한 뒤 회교도 6천 명을 살해한 후 포르투갈령으로 만들었다. 이후 식민지가 된 후 프란치스코회와 예수회가 선교사를 파견해 주민들을 포교하였다. 이러한 순서는 다른 지역에서도 같아 침략을 기반으로 유럽의 기독교가 전 세계로 확산한 하나의 예다.

선교를 위해 침략이 필요했을까. 물론 그렇지 않다. 하지만 당시 유럽교회는 선교 확장을 위해 동양과 신대륙 그리고 아프리카 각국의 침략을 묵인했던 것은 사실이다. 이 시대 선교사들은 자신들이 이단 종교를 따르는 민족을 개종시킨다고 판단했던 것이다. 그리스도교 국가에 정복당해 개종하는 것은 행복이라 생각했다. 따라서 정복과 선교를 불가분의 관계로 여겼던 것이다. 소년단의 한 사람은 유럽을 여행하면서 그리고 귀국 과정에서 그리스도교가 침략을 인정하고 있다는 사실을 보고 그의 신앙은 흔들렸다. 그것을 젊은이의 기질 탓으로만 돌릴 수는 없고, 아라키 토마스도 불안과 공포를 느꼈다는 점만으로 그를 기독교회를 비난한 자로 여겨서는 안 된다.

키베 일행도 고아까지 가는 도중이나 고아 도착해서 '봐서는 안 될 것'을 목격했을 때 그들의 반응은 어떠했을지. 그들은 이 문제를 어떻게 생각했고 자신들이 믿고 있는 기독교와 정치적인 현실을 어떻게 조화시켰을지 자료의 부족으로 그들의 반응을 알려 주지 않는다. 그들은 정치적 현실에 눈을 감고 사실을 보지 않은 척했을까? 아니면 아무 생각 없었을까? 그렇지는 않았을 것이다. 그들이 두고 온 일본 위정자들이 어떤 의미에서 서양의 동양 침략과 기독교 선교의 인과관계를 저지하기 위해 기리시탄 금지를 단행했다고 말할 수 있기 때문이다.

기독교의 동양 침략을 시인한다는 것은 어느 한 면으로 유일신 데우스 신앙의 세계가 확장되고 피부색이 같은 인간들에게 확대된다는 기쁨이다. 그러나 다른 면에서 당시의 유럽 교회의 포교 방법은 결국 정복, 침략, 식민지를 만들어가는 것을 긍정하는 일이다. 예컨대 그것은 일본이 포르투갈이나 스페인에 굴복하여 기독교를 확대하는 것을 인정한다는 일이다. 키베 일행이 이 문제를 모를 리 없다. 그들은 아리마 신학교에서 공부한 엘리트들이다. 고아로 가면서 그리고 고아에 도착 후, 이런 모순을 잇달아 목격하면서 키베 일행은 어떻게 처신했는지 주목하고 싶다. 하지만 키베가 남긴 몇 통의 편지에는 그러한 것에 대한 언급이 없다. 언급이 없다 해서 생각조차 안 했을 리는 없다. 오히려 이러한 처신 속에는 그의 생애에 숨겨진 또 하나의 비밀이 있다는 생각이 든다. 그 비밀은 나중에 이야기하도록 하자.

키베는 분명히 '봐서는 안 되는 것'을 보았고 그것을 통해 신앙과 현실의 모순을 강하게 느꼈을 것이다. 그렇지만 성직자가 되겠다는 결심을 포기하지 않는다. 그런데 그들은 고아에서도 자신들이 원하는 성직자의 길이 막혀 있음을 알게 된다. 그러자 무모한 유럽 계획을 다시 시도하게 된다.

고아에서 그들은 바오로 학원과 부속 신학교에 입학하지 못했다. 이유는 두 가지였다. 하나는 마카오 장상의 증명서나 추천장이 없기 때문이다. 마카오 성직자들은 키베 일행의 행동을 불쾌한 눈으로 봤다고 이미 기록했다. 아무런 허락 없이 자신들 마음대로 떠나는 그들에게 소개장이나 추천서를 적어 주지는 않았을 것이다. 그것만이 아니다. '천백 가지 거짓을 만들어 낼 방랑자'라고 순찰사 발리냐노 신부는 '예수회보'에 알렸다. 두 번째 이유는 바오로 학원은 17세기 초까지 포르투갈 자제에게만 성직의 길을 허용한다는 규칙이 있었기 때문이다. 키베 일행이 고아에 도착한 1618년 규칙이 완화됐는지는 불분명하다. 완화되었다 해도 '천백 가지 거짓을 만들어 낼 방랑자'에게 입학은 허락될 리 없다. 선배 소년단처럼 성직자의 보호를 받는 확실한 신분 보증이 되지 않은 학생이기 때문이다.

　야자나무 숲이 우거진 만도비강을 따라 고아에 도착했던 키베 일행은 실망을 안고 다시 되돌아가야만 했다. 그러나 이 일은 처음부터 예상했던 바다. 마카오 성직자들이 자신들을 불쾌하게 여겼던 것을 백 번이고 알던 키베 일행은 같은 예수회가 운영하는 학원에 들어가지 못한다는 것을. 그러나 포기할 순 없다. 다음 목적지 로마까지 무슨 일이 있어도 갈 것이다. 포기는 없다. 그들은 박해받는 일본 신자를 외면하면서 여기까지 왔다. 어떤 고난의 길이라도 신부가 되는 길이라면 가야 한다. 그렇지 않으면 방랑자에 지나지 않는다. 일본 각지에서 쫓기다 체포되고 이윽고 고문으로 죽어가는 잠복 선교사와 신자들을 대면할 낯이 없다. 신앙의 전쟁터에서 이탈자가 된 느낌이다. 빚진 채무자 같은 느낌이 키베 일행에게 혹처럼 따라다녔을 것이다……

　일본에서는 지방에 따라 다소 차이는 있으나 박해는 심해졌다. 키베 일행이 고아에 있었던 것으로 추정되는 1618년에는 나가사키 인근에서 외국인 잠복 사제 두 명이 체포되어 참수되고 옥사했다. 아리마 신학교 관계자로서 앞 장에서도 언급한 스피놀라 신부는 키베 형제가 아리마 신학교에 있을 때 일본어를 공부했던 선교사다. 1618년 12월 배교자의 밀고로 나가사키에서 체포되었다. 숨어 있던 신자 집에 갑자기 형리들이 들이닥친 것이다. 3명의 외국인 선교사와 1명의 외국인 수사 그리고 집주인도 함께 잡혔다. 스피놀라 신부는 히라도에서 심문받고 4년간 오무라의 스즈다 감옥에 유폐되어 있다가 나가사키 니시자키에서 화형당했다. 그가 적었던 귀중한 편지 몇 통이 남아 있다. 당시 잠복 선교사의 심정과 신앙을 생생하게 전하고 있는 편지다. 옥중에서 기록된 것으로 일부를 인용한다. 당시 박해의 분위기를 실감할 수 있는 내용이다.

감옥 넓이는 16 빠르모, 길이는 24 빠르모입니다. 천정은 새둥지처럼 얼기설기 엮은 나무로 만들어져 있습니다. 한 사람 겨우 통과할 정도의 문에 항상 자물쇠가 채워져 있습니다. 그 옆에 밥사발 하나 드나들 수 있을 정도의 창이 있습니다. 그곳으로부터 식사를 받습니다. 주위에는 8 빠르모 정도의 통로가 있고 끝에는 두껍고 날카롭게 깎아 세운 이중

울타리가 처져 있습니다. 두 겹 울타리 사이에는 가시나무를 빽빽하게 심어 놓았습니다. 울타리에 작은 문이 붙어 있는데 조석으로 식사 때만 엽니다. 감옥 주변은 튼튼한 나무 울타리를 쳐놓고 대문은 늘 닫아 둡니다. 우리는 편지를 보낼 수도 없고 받을 수도 없습니다. 음식물은 그 어떤 것도 받을 수 없습니다. 밥 두 공기와 푸성귀 그리고 소금에 절인 무가 약간 나옵니다. 어느 때는 소금에 절인 정어리도 나옵니다. 음료는 더운물과 찬물이 전부입니다. 우리는 이미 이런 가난이 몸에 익어 밥과 소금만으로도 살아가고 있습니다. 나이프와 가위는 소지하지 못합니다. 몰래 가지고 온 사람도 있지만 그에게 폐가 될까 봐 아무 말 않고 있습니다. 그래서 우리는 은수자처럼 머리와 수염을 기르고 있습니다. 셔츠나 옷을 밖에서 세탁하는 것도 햇빛에 말리는 것도 금지되어 있습니다. 그래서 지독히 불결합니다. 용변도 감옥 안에서 처리하기에 악취가 진동합니다. 밤에는 등불을 주지 않습니다. 늘 어둠 속에 지내다 보니 육신의 온갖 감각이 다 괴롭습니다. 여름은 사방에서 시원한 바람이 들어와 그나마 지낼 수 있으나 비바람의 계절이 지나고 겨울이 오면 추위를 막을 방법이 없습니다. 우리는 이렇듯 여러 가지 괴로움을 봉헌할 기회가 많습니다. 9월 12일 저는 고열에 시달려

11월 4일까지 계속되었습니다. 의사도 약도 없었는데 저절로 치료되었습니다. 모두 저의 최후가 왔다고 생각했고 저도 그렇게 준비하고 있었습니다. 인간의 옷을 벗고 모든 것에서 떠나 죽음을 받아들이도록 준비하겠습니다. 주님께서 문 가까이에서 기다리고 계신다고 생각하니 크게 기쁩니다.

일단 체포되면 배교하지 않으면 살아남을 길은 없다. 하지만 배교는 잠복 사제에겐 영원한 생명을 포기하는 일이다. 인간은 약한 존재이기에 죽음의 공포에 넘어갈 수 있고 신념을 관철시키지 못해 신앙을 포기할 수도 있다. 아라키 토마스 신부도 그런 이유로 배교했다.

스즈다 감옥 터

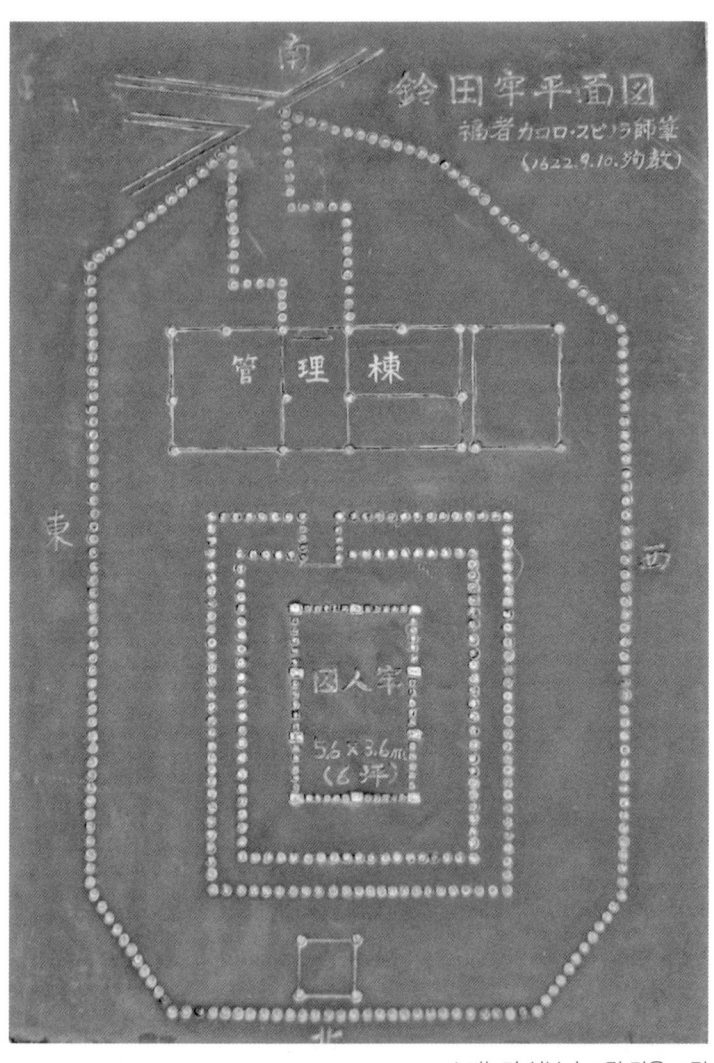

스피놀리 신부가 그린 감옥 그림

스피놀라 신부는 히라도에서 재판받을 때 배교한 아라키 신부를 만났다. 마카오에서 키베 일행에게 눈부신 존재로 등장했던 그 아라키 신부다. 1615년 일본에 잠복했고 4년간 활동하다 1619년 체포되어 오무라 감옥에 들어간 20일 후 배교했다. 교회가 동양 침략을 묵인하고 있다는 의심이 마음속에 있었는지, 아니면 고문과 죽음의 공포 앞에서 심약해져 배교했는지 알 수 없는 일이다.

아라키 토마스 신부는 로마에서 공부한 일본 첫 번째 유학생이다. 그때의 화려한 모습은 없었다. '기모노를 입었고 손에는 밧줄이 감겨 있었다. 자신의 비참한 모습을 감추려 겉옷으로 감싸고 있었다.' 스피놀라 신부가 기록한 당시 아라키의 모습이다. 배교한 신부는 형리에게 '배교했으니 석방해 달라'고 요구했다. 다른 이들과 스피놀라 신부에게 예수회에 대한 불평도 이야기했다. 아직 신앙이 있는 듯이 행동하며 자신의 영혼을 위해 '기도해 달라'라고 작은 목소리로 부탁하였다. 부교가 나가사키에서 살라! 고 명령하자 '나가사키는 가고 싶지 않다. 아이들까지 돌을 던질 것이다. 그러니 오무라에 살게 해 달라'고 애원하였다.

✻

　일본 도슈쿠들인 키베 일행은 고아에서는 사제 수업이 불가능함을 알게 되었고 이젠 가능성이 있는 도시는 로마밖에 없었다. 그들은 로마를 목적지로 모험의 길에 다시 나서기로 마음을 굳힌다. 당시 로마로 가는 길은 두 코스가 있었다.

　하나는 소년사절단이 갔던 길이다. 아프리카 남단 희망봉을 돌아서 포르투갈 리스본을 경유해 로마로 가는 여정이다. 소년단은 1583년 12월 20일 고아를 출발해 다음 해 8월 10일 리스본에 도착했다. 반 년 이상 걸리는 항로임을 알 수 있다. 더위와 태풍 그리고 식량과 식수 부족을 견뎌내야 한다. 때로는 전염병의 위험도 묵과할 수 없다. 결코 만만한 여정이 아니다.

　또 다른 길은 고아에서 배를 타고 호르무즈 해협을 지나 페르시아만으로 들어간 뒤 아라비아 사막을 건너서 지중해 쪽으로 가는 코스다. 그런 뒤에는 지중해를 횡단해 이탈리아로 가는 방법이다. 첫 번 여정보다 거리는 짧지만 사막을 횡단해야 하는 위험이 있다. 아프리카를 돌아가는 바닷길보다 훨씬 힘들고 어려운 여행이다.

　그들은 고아에서 신중히 의논했을 것이다. 우리는 미게루와 미노아스 그리고 고니시 만쇼 등이 어느 코스를 주장했는지 알 수 없다. 단지 베드로 키베가 아프리카를 우회하는 해로가 아니고 아라비아 사막을 횡단하는 여정을 택했다는 것만 알고 있다.

혼자 출발했는지 아니면 다른 사람과 동행했는지 알려 주는 자료는 없다. 키베는 구니사키 반도에서 활약하던 해적의 후손이다. 그에게는 미지의 땅, 처음 가 보는 나라를 체험하겠다는 강렬한 모험심이 있었을 것이다. 전국시대부터 도쿠가와 이에야스 시대까지 힘차게 박동했던 무사들의 피가 흐르고 있는 일본의 젊은이였다. 키베는 자신이 횡단할 나라 중에 예수가 탄생했고 십자가에 못 박혔던 예루살렘이 있다는 것을 알고 있다. 로마로 가는 여정에 그리운 예루살렘 성지가 있다. 그 사실을 알았을 때 예루살렘을 찾아가려는 강렬한 열정이 솟구쳤을 것이다. 그는 일본에서 태어났지만 보통의 일본인과는 다른 환경에서 자랐다. 그리스도교 신앙인의 가정에서 태어났고 성장했다. 생애 절반 이상 그리스도를 위해 살았고 그리스도 중심으로 행동하며 지냈다. 그리스도가 걸었던 그 땅을 눈으로 보고 발로 밟고 싶다는 욕망은 이 불굴의 청년을 억제할 수 없게 만들었을 것이다. 그런 의미에서 로마로 가는 길은 순례의 여정으로 성지 팔레스티나를 지나 예루살렘을 방문하고 영원의 도시 로마로 간다. 그리고 그곳에서 교황이 계시는 바티칸을 찾아가는 순례길이다. 그러나 그 여정은 오늘날의 우리로서는 상상조차 할 수 없는 고난의 길이었다. 언어도 통하지 않는다. 국적과 신분도 보증이 되지 않는 방랑자다. 충분한 여비도 없다. 그러한 조건의 일본 청년이 어떻게 350년 전에 페르시아와 팔레스타나를 통과할 수 있었을까? 현기증이 솟는 느낌이다. 키베는 처음으로 중동과 근동 지역을 통과한 일본인이다. 치스리크 교수는 그의 여행 기록이 남아 있지 않음을 안타까워했다. 아무런 기록을 찾을 수 없음이 참으로 애석할 뿐이다.

지도를 펼쳐 보면 인도의 고아에서 예루살렘으로 가려면 배로 오만 앞바다를 지나 페르시아만으로 들어가야 한다. 다음은 육로로 시리아 사막을 횡단하지 않으면 안 된다. 치스리크 교수는 아마 배로 오만으로 들어가 당시 포르투갈 식민지였던 오루무즈(현재 무스카트)에서 페르샤를 거쳐 팔레스티나로 가는 대상의 무리에 섞여 갔을 것으로 추측한다.

300년 뒤 키베의 뒤를 이어 두 번째 일본인으로서 중근동의 이 루트를 지리학자 시가 시게오카가 답사했다. 그는 1924년 무스카트에서 아바단과 바그다드를 지나 시리아 사막을 건너 암만에 도착했다. 시가 시게타카의 경우는 일본 국민으로 신분이 보장되어 있었다. 하지만 베드로 키베는 전혀 그렇지 못했다. 그런데 어떻게 언어의 벽을 뛰어넘고 회교도 대상의 무리에 들어갈 수 있었는지 놀라운 일이다. 순간의 오해로 목숨을 잃을 수도 있었다. 생명의 위험이 겹겹이 도사린 그런 상황에서 온갖 고난을 뚫고 앞으로 나아갔으니 참으로 기적이라 말할 수밖에 없다.

1876년 타마스쿠스에서 메다인, 사리브까지 사막을 메카 순례단과 홀로 횡단한 체험담을 적은 작가 몬터규 다우디의 고전적 모험 기록 『아라비아 사막』이란 소설을 읽으면 그리스도교 신자를 감추고 여행한다는 것이 얼마나 힘들고 괴로운 일이지 잘 묘사되어 있다. 기독교 신자임을 숨기지 않고 회교도와 여행할 경우 그들로부터 받는 멸시감이 구체적으로 표현되어 있다. 그들은 그리스도교 신자를 '나스라니'라고 불렀다. 나사렛 사람이란 뜻으로 멸시하는 용어다. 나스라니 - 그렇게 불리는 자체가 바보 취급당하는 것이다. "때로는 도둑으로 몰리고 때로는 죽음의 위협도 느껴진다." 다우디의 기록이다. 그는 그런 체험 속에서 괴로운 여행을 마쳤다.

다우디보다 200년 앞서 일본인 청년 한 사람이 나스라니라는 멸시를 받으며 대상의 무리에 섞여 강렬하게 내리쬐는 태양과 함께 낙타 등에 실려 사막을 횡단한 것이다. 단순한 모험심이 아닌 다른 뭔가 있었음이 분명하다. 그는 박해라는 신앙의 전쟁터를 이탈한 신분이다. 그 심정을 속죄하려는 것이었을까? 마음의 빚, 분명 혹독한 사막의 길을 걷는 이유 중 하나였을 것이다. "우리가 가는 곳은 나무 한 그루 풀 한 포기 없는 사막이다. 보이는 것은 아무것도 없다. 길의 흔적은 찾을 수도 없다."라고 다우디가 기록한 그런 사막을 키베는 횡단한 것이다.

밤에는 베두인족 습격을 경계해야 한다. 언어는 통하지 않는다. 약속을 어기는 것쯤 당연한 것으로 여긴다. 그들 틈에 끼어 키베는 황량한 사막을 걸어갔다. 일본을 생각했을까? 아리마 은빛 바다와 아리아케 맑은 바다를 떠올렸을까? 운젠산의 화려한 모습도 회상했을까? 왜 이런 고행의 길을 가야 하는가? 숱한 질문을 쏟고 또 쏟았을 것이다. 사막의 정적을 맛본 자는 밤이 얼마큼 무서운지 안다고 했다. 육체적 위험만이 아니라 신앙의 유혹도 찾아왔을 것이다. 허무를 느끼게 하는 사막의 밤이다. 키베가 믿고 있던 예수도 유다 사막의 바다에서 허무를 만났었다. 성경은 사탄이 예수를 유혹하는 모습을 기록하고 있다. 키베도 사막을 지나면서 같은 유혹을 받았을 것이다. 자신이 겪는 고통에 무슨 의미가 있는

가? 신은 정말 존재하는가? 예수가 설파하신 사랑은 진정 가능한가? 신앙을 가진 자에게 사막의 밤은 언제나 특별하다. 근본적인 의혹을 끊임없이 불러일으킨다. 영원한 침묵을 닮은 밤이다. 베드로 키베는 이 모든 상념에서 어떻게 일어설 수 있었을까?

예루살렘 도착까지 어떤 코스를 거쳐 갔는지 알 수 없다. 어느 날 아침 키베는 사막의 밤과 허무감에 시달리다 마침내 예루살렘을 멀리서 바라봤을 것이다. 그때의 황홀과 벅찬 감동을 상상해 본다. 영원의 도시 예루살렘을 방문한 사람은 공감할 것이다. 어느 한순간 예루살렘이 홀연히 시야에 들어왔을 때의 그 감동의 순간을!

키베 역시 유다 사막을 빠져나와 베타니아 마을을 통해 올리브 산에 도달한 순간 눈 아래 담홍색 성벽으로 둘러싸인 거리의 모습. 성전의 모습이 눈에 들어왔을 것이다. 경이로움과 감동이 온몸에 스며들었을 것이다. 그것은 황금색 아침 햇빛이 지평선에 나타날 때와 흡사하다. 빛은 실처럼 서서히 펼쳐지면서 폭넓게 장밋빛으로 바뀌어 간다. 예루살렘은 여행자들에게 늘 그런 모습으로 등장한다. 키드론 골짜기에 서면 성채처럼 솟아 있는 거리가 보이고 헤롯 대왕이 거석을 쌓아 올린 성벽도 보인다. 성벽 몇몇 문에는 젖과 같이 하얀

양 떼가 흘러나오고 있다. 신전 탑에선 회교도의 기도 소리가 성가처럼 번져온다. 지금도 우리가 볼 수 있는 예루살렘의 광경이다. 키베는 350년 전 이곳을 방문했다. 일본인으로 첫 번째 방문자다. 거룩한 언덕 위에서 경이로움에 젖어 응시했을 것이다. 키베가 예루살렘을 방문했을 때는 회교도가 도시를 장악하고 있었다. 1600년대 당시 인구는 만 명 정도. 유대인은 수백 명에 지나지 않았고 튀르크인과 아랍인이 대부분이었다. 그때와 지금의 예루살렘을 동일시하긴 어렵겠지만 구시가지를 에워싸고 있는 성벽은 대부분 술레이만 대왕(1520-1566) 때 만들어졌다.

거리의 크기도 그때와 지금이 비슷하다. 화려하게 번쩍거리는 성전의 팔각 돔 역시 술레이만 대왕이 수복한 것으로 당연히 베드로 키베도 보았을 것이다. 당시에도 양과 낙타와 당나귀가 사람들과 함께 걸어 다녔을 것이다. 좁고 더러운 길은 그때나 지금이나 변하지 않은 듯하다.

당시 예루살렘은 회교도 지배하에 있었지만 기독교인의 순례는 허락되었다. 세금을 내면 어디든 갈 수 있었다. 무덤성당 역시 예배가 가능했다. 다음 글은 1553년 이곳을 방문했던 스페인 수사의 기록이다.

거룩한 무덤 성당 입구에서 순례자들은 9 카르데라니를 냈다. 그러자 4~5명의 튀르크인 문지기가 서기와 함께 와서는 순례자들의 이름과 국적을 묻고는 문을 열어주었다. 그러자 문 안쪽에서 상주하는 수도자들이 우리를 맞이했다. 튀르크인은 문을 닫고 나갔다. 이틀이 지나도 오지 않았다. 우리는 그들이 올 때까지 이틀 동안 몇 차례나 거룩한 장소를 순례하며 무료함을 달랬다.-(The'odrore Kollek et Pearlman, Jerusalem)

베드로 키베가 거룩한 무덤 성당을 순례했을 때도 스페인 수사의 경험과 별반 다르지 않았을 것이다. 예루살렘의 구시가지에는 예수가 십자가를 지고 걸었다고 전해지는 바둑판 모양의 돌길이 현재도 그대로 남아 있다. 그 길은 키베가 이곳을 방문하기 이전에 만들어져 있었으니 키베 역시 기도하며 그 길을 걸었을 것이다.

일본인으로선 처음 예루살렘을 방문했던 키베는 어떤 마음이었을까? 무슨 생각을 했을까? 나는 그의 마음을 줄기차게 따라가 알고 싶다. 그런데 기록이 전혀 없어 아쉽기만 하다. 이 젊은이는 예수의 죽음에 대한 의미를 떠올렸을 것이다. 예수는 그가 사랑한 제자로부터 배반당하고 죽었다. 예수는 그가 사랑하는 자들을 위해 목숨을 바쳤다는 것을 기독교 신자라면 당연히 알고 있는 그리스도의 죽음이다. 키베는 처형장 인근에 있는 무덤 성당에서 생각을 곱씹었을 것이다. 신자를 외면하고 여기까지 온 자신의 마음을 수없이 되새김질했을 것이다. 자신의 목적은 신부가 되는 것이다. 그것은 예수를 닮는 일이고 예수를 따르는 일이다.

자신의 사명은 신부가 되어 언젠가 일본 신자를 위해 목숨을 바치는 일이다. 신부가 되는 순간 운명은 결정된다. 박해받는 일본으로 돌아갈 것이다. 잠복 선교사와 함께 신자들에게 용기를 주고 아픔을 위로할 것이다. 때가 오면 예수처럼 가혹한 죽음을 받아들일 것이다. 예루살렘은 키베의 가슴을 다시 뛰게 했을 것이다. 그는 그곳에서 신부가 되기 위한 최종 목적지인 로마를 향해 떠날 준비를 한다. 키베는 사도 바오로처럼 바닷길을 따라 여러 섬을 거쳐 이탈리아로, 귀국 도중에는 시암의 일본인 마을도 찾아갔다. 그때는 잡무를 보는 하급선원으로 배를 타며 여행을 계속할 수 있었다고 함은 충분히 이해가 가는 말이다. 여비도 없고 신분보장도 되지 않는 남자가 이탈리아까지 도착할 방법은 그것밖에 없었다. 그의 몸에는 갯사람 피가 흐르고 있었기에 바다와 배의 생활은 어린 시기부터 익혀온 세계였다. 1618년 인도의 고아를 출발했다면 2년 뒤인 1620년 로마에 도착했을 것이고 누구의 도움도 받지 않았다. 일본인 첫 유럽 유학생 베르나르도처럼 예수회의 보호를 받으며 로마로 간 것도 아니고 소년사절단처럼 많은 인파 속에서 환영받으며 영원의 도시에 발을 들여놓은 것도 아니다. 오로지 혼자만의 힘으로 바다를 건넜고 아라비아 사막을 횡단했다. 그의 얼굴은 태양에 검게 그을렸고 그의 몸은 바싹 말랐을 것이다.

08

유학의 날들

로마. 로마는 마카오나 인도의 고아와 달랐다. 로마는 키베를 받아주었다. 받아들였을 뿐 아니라, 일본과 마카오에서 거주하던 성직자들이 일본인 도슈쿠에게는 허락하지 않던 사제의 길까지 로마는 문을 열어주었다. 그것은 로마교회가 일본 청년이 맛본 온갖 고통에 감동했기 때문이다. 박해로 쫓겨 단신 홀로 바다를 건넌 일, 아랍 사막을 횡단하면서까지의 갖은 장애를 뚫고 온 젊은 신학생, 마카오처럼 일본인 젊은이에게 편견을 갖지 않은 로마의 성직자들은 다른 시각 없이 오직 키베의 열정에 문자 그대로 압도당한 것이다. 게다가 로마교회는 키베 이전에 수만 리 바닷길을 넘어온 몇몇 일본 유학생과 사절단을 잘 알고 있었다. 이 유학생과 사절단을 통해 일본 신자들에게 관심을 갖게 된 성직자들도 꽤 있었다. 키베가 로마에서 후의를 받게 되는 배경에는 이러한 역사적 일이 있었기 때문이다. 일본인으로 유럽과 로마를 유학한 일에 대하여 앞 장에서도 언급했던 일본의 첫 로마 유학생은 가고시마 출신 베르나르도이다. 그의 일본 이름은 알려지지 않고 있다. 1549년 프란치스코 하비에르가 가고시마에 착륙하여 처음으로 선교했을 때 세례를 받은 후 그의 제자가 되어 선교지에 동행했다. 하비에르는 자신과 함께 고통을 나눈 베르나르도를 일본교회 초석으로 만들 의지로 유학을 계획하였다.

1551년 하비에르는 베르나르도를 데리고 일본을 떠나 인도 고아로 돌아갔다. 여기서 베르나르도는 하비에르의 지시를 따라 포르투갈의 인도양 함대로 아프리카 희망봉을 돌아 리스본까지 갔다. 고통스러운 뱃길에서 심하게 건강을 해쳐 유학 생활은 시름시름 병치레를 벗어날 수 없었다. 예수회는 하비에르 의사를 받아들여 베르나르도를 로마 콜레지오 로마노(현재 그레고리오 대학), 포르투갈의 코임브라 대학에서 수학하게 했다. 그러나 점점 약해져 가는 몸으로 이국 생활의 적응이 어려웠다. 결국 악화돼 유학 4년째 되던 해 코임브라에서 생을 마감하였다. 최초의 유학생 베르나르도는 오늘까지 코임브라의 예수회 학원 묘지에 있다. 그는 그렇게 아무도 모르게 조용히 잠들어 있다.

베르나르도의 다음으로 우리가 알고 있는 로마 유학생은 아라키 토마스다. 그의 출신은 알려지지 않고 있다. 어디서 어떤 방법으로 로마에 갔는지도 매우 유감이지만 알 수가 없다. 다만 그가 대단한 수재였다는 것만은 로마 유학 중 베라 로마노 추기경으로부터 인정을 받아 이탈리아 각지에서도 환영을 받았으며 그의 라틴어 능력은 대단히 뛰어난 것으로 알려져 있다. 그런데 귀국 도중 스페인과 포르투갈의 동양 침략과 식민 정책을 그리스도교가 묵인하는 포교 방침에 분노하고 점차 신앙에서 멀어진다. 박해 중에서 그는 배교하여 잠복 신자들에게 멸시받는 사람으로 부교소의 하수인이 되었다. 그의 비참한 삶을 앞 장에서 인용한 스피놀라 신부의 서간에 기록한 그대로다.

로마교회는 일본인 베르나르도와 아라키를 기억하고 있었다. 확실히 그들의 뇌리에 확실한 일본인으로 남겨진 일은 저 소년사절단과 다테 마사무네가 파견한 하세쿠라 쓰네나가일 것이다. 키베의 선배였던 소년사절단은 포르투갈과 스페인을 거쳐 로마로 가서 그레고리오 13세 교황을 알현한 것은 1585년 3월 23일이다. 그날 소년들은 숙소 예수회 본부를 나와 삼색 비로드와 황금으로 장식된 말을 타고 바티칸

궁정을 향했다. 행렬을 지켜보는 로마시민들은 뜨거운 환호를 보냈다. '로마에서 여태껏 보지 못한 미증유의 최대 행렬의 하나인 듯했다.' '로마는 모두 환호의 물결이었다.'라고 전해지고 있다.

교황도 긴 여행을 거쳐 로마까지 온 일본인 소년들을 환대했다. 보는 이들 모두 감동했고 소년들은 모든 예식에 겸손한 태도로 임했다. 그들을 만나는 이는 모두 호감을 가졌고 고위성직자들과 예수회원들의 마음에 일본인에 대한 좋은 인상을 남겼다. 따라서 키베가 그 소년사절단과 같은 아리마 신학교 출신이며 그들의 후배란 것만으로 호의와 관심을 표하는 것이 이상하지 않다. 이런 호감이 키베의 서품에 대해서도 큰 영향을 미치는 계기가 되었을 것이다

키베가 로마에 오기 5년 전인 1615년 마사무네가 파견한 쓰네나가 일행이 멕시코와 스페인을 거쳐 로마에 도착했다. 그들은 베드로 대성전에서 교황 바오로 5세를 알현한 적이 있다. 쓰네나가의 진의는 일본과 멕시코(노바 에스파니아)와 통상 허가를 스페인 왕과 로마 교황에게 얻기 위해였기 때문에 교황청으로서는 반드시 환영하지 않아도 상관없었으나 성대한 알현식을 하였으므로 그 예식의 기억은 로마 성직자들 마음에 아직 확실히 남아 있다.

이렇게 일본 유학생과 사절의 관계를 맺고 있던 인연으로 베드로 키베를 아무런 경계 없이 대했다. 오히려 감동과 동정으로 그를 맞아주었다. 키베 로마 도착 후 일 년도 안 되어 대망의 꿈인 사제로 서품된 것은 그 이유였다.

로마는 그를 맞아들였다. 1620년 10월 18일 일요일, 베드로 키베는 삭발례를 받고 다음 달 11월 1일 일요일 성 마리아 마죠레 성당에서 바오로 데 쿠르데 주교로부터 부제품을 받고 마침내 11월 15일 일요일 라떼라노 대성전에서 생애 최대의 염원이었던 사제로 서품되었다. 돌아보면 아리마 신학교 졸업 후 14년, 이날이 얼마나 꿈같은 날인가! 사제가 되던 그날 성전 제단 앞에 엎드린 33살 남자의 뇌리에는 14년간의 애환이 갖가지 기억들로 아른거렸을 테다. 도슈쿠로 우울했던 시기, 마카오로 추방되던 날, 마카오에서 꿈이 사라지자 다시 바다를 헤치고 고아로 가지 않으면 안 되었던 일, 아랍 대상의 무리에 끼여 사막을 횡단하던 일, 마침내 예루살렘을 바라보던 그날 아침. 그 모든 것 하나하나가 파노라마처럼 뇌리를 스쳐 갔음이 틀림없다. 그러나 키베에게는 이 순간 잊어서는 안 될 사실이 있다. 그것은 박해받고 있는 일본을 등지고 왔다는 사실이다. 지금 그가 사제로 서품되는 순간, 일본에서는 신자들이 체포되고 잠복 사제가 처형되고 고문받는 자의 신음소리가 들리고 많은 이가 피를 흘리고 있다. 그런 교회를 베드로 키베는 이유가 어떻든 외면하고 떠나온 것은 확실하다. 무엇 때문에? 신부가 되기 위해서다. 나가사키에서 추방될 때 마카오를 향하는 배에서 마음으로 맹세했던 말을 키베는 잊지 않고 있다. 내가 일본을 떠난 것은 신부로 다시 돌아가기 위하여다. 혹시 이 맹세를 잊는다면 키베는 박해를 피해 일본에서 도피한 자, 자신의 안전 때문에 달아난 도망꾼에 지나지 않는다. 또 신부가 된 후 많은 영혼을 구원했다 치더라도 일본에 돌아가지 않는 한 키베 마음에는 비겁자라는 오점이 언제까지나 남을 것이다.

1620년 11월 15일 일요일. 33살의 이 일본인은 유럽 신학생들과 같은 장소에서 사제품을 받았으나 유럽의 신학생과 마음의 준비는 전혀 달랐다. 유럽인은 지금부터 안정된 교구와 수도원에서 설교와 성사를 집행하며 교우들을 만나고 평온한 가운데 기도하며 살아갈 것이다.

하지만 키베는 다르다. 박해받는 일본으로 돌아가기 위해 사제가 된 것이다. 자신을 기다리고 있는 일본은 안전한 교구도 아니고 평화로운 수도원도 아니다. 체포와 고문 그리고 순교가 기다리고 있는 곳이다. 순교밖에 없다. 죽음밖에 없다. 그러기에 이후 그는 유럽에서의 수행은 죽음을 날마다 준비하고 처형의 날을 맞이할 각오를 하는 일이다.

베드로 키베는 1620년 11월 21일 예수회 입회 허락을 받았다. 그때 이렇게 적었다.

> 내 이름은 베드로 카스이. 로마노 키베와 마리아의 아들. 현재 33살, 출생지 일본. 분고 바닷가 마을
>
> 나는 주님의 한없는 은총을 헤아릴 수 없이 많이 받았다. 내게 내리신 주님의 특은을 느낀다. 나는 고난과 역경과 위험을 수없이 거친 후 예수회의 형제 한 명으로 받아들여졌다. 나는 이 길을 내 오롯한 의지로 선택했다. 14년 전 일찍부터 나는 이 서약을 발한 것이다.

순교의 준비와 죽음의 각오. 그리고 순교 준비를 위해 어떤 수행을 했는지에 관하여 그가 남긴 소수의 편지에도 기록은 없다. 그러나 그 시기에 자신이 믿는 예수도 십자가의 죽음을 예감한 것처럼 키베도 죽음을 감지하고 예수로부터 위로를 받았을 것이다. 예수의 고심하던 모습과 자신이 고심하

고 있음이 겹쳐졌기 때문이다. 그리고 미사 올리며 성경을 펼쳐 예수의 고난을 더듬을 때 키베는 고심하던 예수의 모습을 찾았을 것이다. 왜냐하면 예수도 최후의 때 기원 30년이 되었을 때 적대자들에게 죽임을 당할 것을 감지하고 그 죽음을 굳힐 때까지의 공포를 절감했다. "나는 (이제부터) 이 잔을 마셔야 한다. 죽음의 세례다. 그리고 이 잔을 마실 때까지 나는 얼마나 괴로울지 모른다." 예수의 나이 서른 살. 파스카 축제가 가까이 왔을 때에 예수는 자신의 속내를 제자들에게 털어놓았다. 그리고 겟세마니 동산에서 피땀을 흘리며 하느님 아버지께 기도했다. "아버지, 아버지께서 원하신다면 이 잔을 제게서 거두어 주십시오. 그러나 제 뜻이 아니라 아버지의 뜻이 이루어지게 하십시오."

일본으로 돌아가면 자신을 기다리고 있는 것은 죽음이다. 그것을 생각할 때 키베의 마음도 역시 공포에 떨렸음이 틀림없다. 예수도 수난을 앞두고 고심하고 괴로워했다. 그러한 예수의 모습에서 위로를 받았을 것이다. 물론 키베는 자신이 겪고 있는 심적 고통은 편지나 어느 자료에도 없다. 우리는 그저 1620년에서 1622년까지 2년간 그가 로마의 키리나이레 언덕에 있는 예수회 수련원에서 생활했고 일본인 첫 유학생 베르나르도가 로마노 콜레지오에서 윤리학과 라틴어를 공부했던 같은 장소에서 키베도 똑같은 공부를 했다는 것 외에는 알려진 기록이 없다.

1622년 3월 교황청 베드로 대성당에서 예수회 창립자 이냐시오 로욜라와 프란치스코 하비에르의 성인 시성식이 있었다. 시성식은 문자 그대로 공적으로 거룩한 자로 교회가 선포하는 예식이다. 프란치스코 하비에르는 일본이라는 극동지역에 그리스도를 처음으로 선포한 분이다. 프란치스코 하비에르는 이후 중국 포교를 위해 광동에 가까운 상천도라는 섬에서 죽음을 맞이했다. 그를 성인으로 선포하는 시성식에 키베는 참석했다. 이 시성식 동안 무슨 생각을 했으며 무엇을 느꼈는지 쉽게 상상할 수 있다. 왜냐하면 키베는 3개월 뒤 수련기도 마치지 않은 키베에게 예수회 총장 비테레스키 신부는 일본으로 귀국할 것을 권고했다. 시성식에서 성직자들은 하비에르를 찬미하는 소리 가운데 쟈뽄(일본)이라는 발음을 들을 때마다 베드로 키베는 멀리 일본에서 하비에르에게 도움을 청하고 있는 동포들의 외침을 들었을 것이다. 잠시 떨어져 있는 일본의 산야가 선명하게 되살아났다. 그에게 있어 일본의 이미지는 어둡고 음산했다. 그리스도교 신자들을 추방하고 체포하고 괴롭히는 나라. 그들이 믿는 종교는 질서를 파괴하는 사악한 종교로 생각한다. 그래서 위정자들은 나라를 빼앗고 정복하는 위험한 종교로 여겨 금지하고 믿는 이들은 죽인다. 신자들은 교회에 모이는 기쁨도 없어졌고 신앙을 자랑하지도 못한다. 사람의 눈을 피해 살아야 하고 두려움에 떨며 기도하지 않으면 안 된다. 신부들은 잠복하고 생명의 위험을 무릅쓰고 양들 곁에 가야 한다. 이런 신자들이 키베를 부르고 있다. 그는 하비에르의 시성식에서 그 절규의 소리를 들었기 때문에 귀국을 결심한 것이다. 물론 키베 자신이 즉시 행동에 옮겼으리라고는 생각할 수 없다. 만일 키베 자신이 원했다면 안전한 유럽 예수회에 남아 있을 수도 있었고 아니면 고아나 필리핀 또는 시암(태국)과 같은 나라에서 예수회 선교사로 활동할 수도 있었다. 거기에는 예수회원들의 활동지가 있었고 그곳에 있었던 일본인 마을이 있었다. 그런데도 키베는 오직 일본으로 돌아가길 원했다. 7년 전 그는 일본을 떠나왔다. 박해의 고통에 힘겨워하는 신자들을 모른 척하고 왔다. 잠복 선교사들과 동료를 버리고 마카오로 왔던 일들에 목덜미를 잡히는 가책과 그 후회가 없었다면 귀국을 포기했을지도 모른다. 그는 하비에르의 시성식에서 자신을 부르는 동포들의 소리를 분명히 들었다. "벗을 위하여 목숨을 버리는 것보다 더 큰 사랑은 없다." 예수의 말씀이 마음에 솟구쳤다.

로마 예수회는 이 일본인 신부의 청을 들어주었다. 2년간의 수련과 콜레지오 학업을 중단하고 리스본으로 갔다. 당시 유럽에서 동양으로 가는 것은 1년에 한 번 인도로 출항하는 포르투갈 함대를 이용하는 방법이 가장 편리했기 때문이다. 리스본으로 가는 도중 그는 마드리드를 경유하게 된다. 그곳 마드리드에서 키베는 일본 선교사가 비밀리에 보내온 1621년도 보고서에 적힌 예수회 통신문을 읽게 되었다. 마카오를 떠난 이후 처음 알게 되는 생생한 정보였다. 상상했던 것 이상으로 박해의 폭풍이 휘몰아치고 있음을 그는 알게 된다.

※

키베는 로마에서 신부가 되었고 예수회에 입회했다. 콜레지오 로마노에서는 윤리학을 배우며 안전한 일상을 보내고 있는 동안 고국의 선교사와 신자들은 전과 다름없이 엄청난 고통의 연속이다. 도쿠가와 이에야스는 타계했으나 2대 쇼군 히데타다는 기리시탄 금교령을 더욱 강화했고 전국의 다이묘들에게 금교령을 강력히 실행할 것을 엄하게 지시했다.

전국 어디에서든 신앙의 자유는 없다. 잠복 신부들은 죽음을 각오하고 마을을 벗어난 동굴이나 신자 집에서 이중벽을

치고 숨어 지냈다. 날이 저물면 미사 제구를 지고 동굴과 신자 집을 나섰다. 외국인 모습이 드러나지 않게 의사나 중국인으로 변장하기도 했다. 눈비가 내리는 날엔 경계가 허술해 궂은 날을 이용해 신자들을 찾아갔고 격려의 성사를 준다.

아리마 신학교 출신 신부 몇 명의 예를 든다면 소년단의 일원인 나카우라 줄리안은 의연하게 아리마를 중심으로 선교하였다. 추방령 이후 아리마를 근거지로 아마쿠사, 히젠, 사쓰마, 기후, 분젠 등 각지를 걸어 다니며 신자들과 접촉하였다. 다음은 그가 남긴 기록이다.

> 1621년 이곳 구치노즈에서만 21명이 순교했습니다. 저는 하느님의 은총으로 건강합니다. 아직 기력이 충분히 남아 있어 활동하는 데 지장은 없습니다. 저는 해마다 4천 명의 고백을 듣습니다.[23]

긴키 지방에서는 키베보다 14년 전에 입학한 디에고 류키가 선교하고 있었다. 그는 라틴어에 능숙해 후배들의 라틴어 교사였다. 1614년 다카야마 우콘 일행과 마닐라 추방 후 마닐라에서 사제가 되어 2년 뒤 일본으로 돌아왔다. 교토에서

---

23 1621년은 키베가 마드리드에 머물고 있던 해

동북지역까지 북상하며 신자들을 돌봤다. 이요 주스토도 키베의 선배다. 그도 규슈와 시코쿠의 숨은 신자들을 돌봤는데 당국은 이런 선교 사제를 그냥 두지 않았다. 집요하고 교묘한 방법을 동원해 체포했다. 밀고자에겐 포상금을 걸었고 체포된 신자에게는 가혹한 고문을 가해 선교사가 숨은 집을 자백하게 했다. 체포된 신부는 배교하지 않으면 처형되었다. 처형당할 때까지의 옥중생활은 극한의 비참함이다.

앞 장에서 불굴의 스피놀라 신부도 오무라 감옥의 견딜 수 없는 불결함과 악취에 "나는 즉시 천정을 바라보고 숨을 토해 낸다"고 했다. 신자들도 선교사들과 마찬가지로 쓰라린 나날을 보내고 있었다. 잠복 사제를 지키기 위해 끊임없는 경계 속에 살아야 하고 가난 속에서 신부들과 식사를 나누고 있었다. 체포되면 용서 없이 고문을 받았다. 어린이들도 예외가 아니었는데 5살짜리도 기리시탄이라는 이유로 처형시켰다. 키베는 마드리드에서 잠복 선교사가 보낸 이런 보고서를 읽고 리스본에 도착한 뒤 로마에 있는 친구에게 다음과 같이 적어 보냈다.

일본에서는 아직도 미친 듯이 박해가 설치고 있다. 아니 점점 심해지고 있는 것 같다. 예전엔 그 정도는 아니었는데 이제는 가가호호 수색하기에 신부들은 숨어 있지 못한다. 오슈(奧州)에서도 새롭게 박해가 시작되었다. 이곳의 영주 다테 마사무네가 프란치스코 회원들의 조언을 받아들여 바오로 5세 교황에게 하세쿠라 쓰네나가를 사절단을 파견했던 곳이다. 영주 다테 마사무네가 무슨 영문인지 알 수 없으나 기리시탄 신자를 추방시켰다고 한다. 무사와 상인, 직업과 직분 고하에 상관없이 배교하지 않으면 추방했다. 그래서 프란치스코회 회원들은 이곳에서 견딜 수 없게 되었다.

편지로 추측하건대 키베는 귀국 후 만일을 대비해 안전한 동북 지방에서 선교하기를 미리 생각한 듯하다. 당시 다테 마사무네의 영지는 관동 지역에서 피신한 기리시탄 신자들의 피난 장소였다. 그 가신 중에는 고토 주안과 같은 기리시탄 무사가 있어 센다이 번이 채금을 위한 광산 노동력으로 도망 온 기리시탄들을 이용해 살아가도록 배려해 주기도 했었다. 히데타다의 강력한 금교령은 마사무네 같은 큰 다이묘도 복종하지 않으면 안 될 만큼 엄하게 실행되었다.

마드리드에서 키베가 이 통신문을 읽었을 때 그가 돌아갈 일본은 생명의 위험이 도사리고 있는 곳. 그나마 마음 한 조각에 남겨진 희망과 낙관은 모두 깨졌다. 아무리 교묘히 몸을 숨겨도 체포와 처형이 기다려도 키베는 귀국을 단념하지 않았다.

마드리드에서 리스본에 도착한 뒤 예수회 수련원에서 두 달간 머물렀다. 이때 장상은 다른 젊은 수사들과 실내 작업이나 밭일을 하게 했는데 키베는 오히려 괴로웠다. 34살 키베에게는 육체노동보다 박해를 대비할 영적 준비가 절실했기 때문이었다. 젊은 수사들과는 달리 지금의 그에게 필요한 것은 순교의 준비다. 언젠가는 부딪칠 고문과 처형을 각오하고 있는 키베의 심중을 아무도 눈치채지 못했다. 베드로 키베는 고독했다.

그는 장상에게 묵상과 기도할 시간이 필요하다고 청했다. 출발을 앞두고 그리스도가 받았던 수난과 죽음을 특별히 묵상하고 싶었을 것이다. 예수의 고독도 체험하고 싶었을 것이다. "아버지, 하실 수만 있으시면 이 잔이 저를 비켜 가게 해 주십시오. 그러나 제가 원하는 대로 하지 마시고 아버지께서 원하시는 대로 하십시오." 고뇌 속에서 예수가 외쳤던 기도다. 베드로 키베 역시 이 기도를 바쳤을 것이다. 예수도 죽음을 앞두고 고뇌 속에서 사투를 벌였다. 예수도 인간의 약함으로 인해 괴로워하고 있었음에 키베는 위로를 받았을 것이다.

유학의 날들

예수의 수난이 늘 떠올랐다. 예수의 모습은 어느 날 닥칠 자신의 모습이었기 때문이다. 예수는 죽음을 결심하고 예루살렘으로 올라가 파스카 축일을 맞았다. 베드로 키베 역시 죽음을 각오하고 일본으로 돌아가려 한다. 예수의 예상대로 자신을 박해할 대사제와 바리사이파 사람들에게 잡혀 포박당했듯 자신도 그럴 것이다. 예수는 사랑하던 제자에게 배반당했다. 훗날 키베 역시 누군가 사랑하던 사람에게 배반당할지 모른다. 하지만 그가 누구일지 아직 모른다. 자신을 배반할 자가 자기처럼 하느님께 신앙을 고백하던 자라고 전혀 생각 못 했을 것이다.

베드로 키베가 리스본에서 마지막 유럽 생활을 보내고 있던 1623년 초. 테주(Tejo) 강에는 인도양 함대가 출항 준비를 마치고 조용히 대기하고 있다. 함대는 군함 두 척이다. 프란치스코 하비에르 호에는 인도 신임 총독이 탑승할 예정이었고 사령관이 탑승할 기함(旗艦)은 이사벨라 호다. 매년 출항일이 다가오면 테주 강 주변은 소란스럽다. 1623년에는 에티오피아에 많은 선교사를 파견했기에 항구는 매우 혼잡하다. 출국 전날 이미 승선을 마친 상태다.

베드로 키베도 에티오피아로 가는 선교사들과 함께 프란

치스코 하비에르 호나 이사벨라 호 어딘가에 탔을 것이다. 3월 25일은 마침 성모의 잉태예고 축일이었는데 그날 아침 함대는 닻을 올리고 갈색 강을 조용히 빠져나가기 시작했다. 강변 요새에서는 축포를 터트리고 요란한 환송을 시작했다. 떠나는 이와 떠나보내는 이들은 고함을 지르며 손을 흔들고 있었다. 축포와 노랫소리 속에서도 키베는 고독했을 것이다. 다른 선교사와는 달리 그 순간이 죽음을 향해 가는 출발임을 알았기 때문이다. 그는 로마에서 알고 지내던 오르베루 신부에게 유서와 같은 편지를 보냈다. 다음은 마지막 부분에 나오는 그의 말이다. "저는 하느님의 도우심과 순교자의 덕을 신뢰하고 있습니다. 이미 로마의 초대교회와 다른 나라에서도 그랬듯이 순교자의 피로써 그리스도교 신자는 많아집니다. 일본에서도 많은 이들이 그리스도교 신자가 되기를 기도합니다." 이 말은 그의 각오이며 희망이었을 것이다. 주목할 것은 '순교자의 피'라는 표현이다. 그는 정말 그렇게 기록하고 싶었을 것이다. '나의 피를 흘려서' 아니 '나 베드로 키베의 피로 인해서' 그렇게 말하고 싶었을 것이다.

1623년 인도양 함대 여행은 북적거리는 인파 속에서 환호와 함께 출발했다. 하지만 여행은 고통스러웠다. 출항 후 즉시 첫 번째 강풍을 만났다. 총독이 탔던 프란치스코 하비에르 호는 기둥 2개가 부러지고 호위하던 갤리온선은 좌초됐다. 함대는 어쩔 수 없이 인근의 가리자 항구로 들어가 폭풍이 지나가기를 기다렸다가 수일 후 다시 출항했다. 함대는 1달 정도 순조로운 항해로 4월 6일에는 카나리아 제도에 도착할 수 있었다. 하지만 이후 끊임없는 비바람에 시달려 300명 이상의 환자가 발생해 승무원과 선교사 누구나 할 것 없이 병상에 누웠다.

날씨가 가까스로 진정되어 5월 하순경에 적도를 지났다. 사망자까지 내며 함대는 두 달 후 희망봉을 돌아 인도양 쪽으로 나갔으나 또다시 두 번째 폭풍우를 만났다. 비바람과 사투하며 지나가길 기다렸다. 식수와 식량 부족이 시작되었고 환자들이 속출했다. 호위대 배의 선장까지 급사했다. 출항 후 6개월 9일 되던 날 가까스로 첫 번째 목적지인 아프리카 남동부의 포르투갈 식민지 모잠비크 가까이에 도착했을 때, 프란치스코 하비에르 호가 암초에 걸려 기울어지고 배의 중심인 용골에 구멍이 났다. 생각도 못 한 사고였다. 함대는 어쩔 수 없이 모잠비크에 장기 정박하여 다음 해 계절풍을 기다리기로 했다. 그러나 정박기간 중에도 메노모카야라고 불리는 또 다른 태풍을 만나 상당 부분이 손상되었다. 이듬해 1624년 3월에 다시 출항한 함대는 58일 후 고생 끝에 추억의 인도 고아에 도착할 수 있었다.

함대가 흙탕물 같은 만도비 강을 거슬러 올라가자 야자수 밀림 사이로 고아시(市)가 시야에 들어왔다. 성당의 탑이 보이고 아름다운 거리가 눈에 띄었다. 선교사도 승무원도 모두가 갑판에 나와 구원받은 안도의 숨을 쉬었을 것이다. 키베도 그들 무리에 섞여 또 다른 감동에 젖었을 것이다. 돌아보면 수 년 전 마카오에서 떠나와 도착했던 곳이다. 도슈쿠 몇몇과 함께 신부가 될 꿈을 안고 불안스레 배에서 내렸던 곳. 모두 사제가 되겠다는 희망으로 이곳 고아에 왔지만 물거품이 되고 말았다. 그러나 키베는 이곳에서 동료들과 헤어져 홀로 시리아 사막을 횡단해 예루살렘으로 간 것이다. 헤어진 동료 중 고니시 만쇼와 미게루 노미에스 역시 훗날 해로를 통해 유럽에 도착한 사실을 키베도 알고 있다. 리스본을 떠나기 전에 로마의 뻰사 신부에게 보낸 편지에서 '고니시 만쇼를 영육 간 잘 부탁합니다.'라고 적었다.

고니시 만쇼는 고니시 유키나가의 딸 마리아의 아들로 알려져 있다. 치스리크 교수의 견해이기도 하다. 만쇼는 키베보다 13살 연하로 아리마 신학교 후배다. 만쇼는 키베가 예루살렘으로 혼자 떠난 후 1년 내지 2년 뒤 유럽으로 가 1623년 로마 예수회에 입회했다. 키베가 공부하던 콜레지오 로마노에서 공부한 후 만쇼 역시 키베처럼 귀국을 결심하고는 1632년 일본으로 돌아왔다. 또 한 사람은 미게루 노미에스다. 그의 일본 이름은 알 수 없고 미노(美濃) 출신이라는 것만 알려져 있다. 그도 키베가 떠난 뒤 고아에서 배로 유럽으로 갔다. 일본인으로서는 처음으로 포르투갈 에보라 대학에서 공부했고 학위도 받았다. 이후 로마의 예수회에 입회했고 그곳에서 생활하다 1628년 귀국하려 했지만 포르투갈에서 생을 마쳤다.

이 도슈쿠 친구들이 자신보다 늦게 유럽에 가 수련원에 있다고 생각하니 교두보를 구축했다는 느낌이 들었다. 자신이 좌절하면 따라오는 두 사람도 힘을 잃을 것이 분명했다. 후배를 위한 다리 역할까지 하자. 키베는 처음부터 확실하게 해야 한다고 결심한다. 귀국해서 잠복한다. 언젠가는 발각되어 체포되고 처형되는 것은 확실하다. 그러나 짧은 기간이라도 신자들을 도울 수 있다면 좋다. 비틀거리는 교우들에게 격려와 힘을 줄 것이다. 하느님을 알지 못하는 이들에게 주님의 가르침을 전하는 밀알이 될 것이다. 그 밀알을 일본 땅에 심는 것이 나의 사명이다. 키베는 이렇게 다짐했을 것이다. 다시 온 고아에서 키베가 얼마나 머물렀는지 알 수 없다. 같은 배에 동승한 신부들은 에티오피아나 중국 선교지역으

로 가기 위해 그들과 작별하였다. 키베는 마카오로 가기 위해 반년 이상 배를 기다려야만 했다. 인도 고아에서 기다리는 동안 키베는 다시 유럽인의 아시아 침략을 구체적으로 보았다. 침략이라는 토대 위에서 선교하고 있는 교회의 모습도 보았다. 침략을 묵인하고 있었던 것이다. 그건 분명히 예수의 가르침에 위배되는 행위였다. 키베의 선배였던 소년단원 치지와 미게루도 귀국 도중 이런 모습을 목격했고 대선배 아라키 토마스 역시 일본으로 가는 길에 이런 현실을 직시했었다. 그 후 두 사람은 교회를 떠났다. 당시의 교회를 보면서 그리스도교에 대한 신뢰감을 잃어 가고 있었는지도 모른다. 키베는 어떠했을까? 그런 모순을 못 본 척 눈 감았을까? 나는 그렇게 생각하지 않는다.

09

야마다 나가마사와 베드로 키베

　16세기와 17세기에 유럽 기독교 국가들의 영토 확장을 로마 교황청이 묵인했다는 것 또한 부인할 수 없다. 스페인과 포르투갈에서는 많은 이들이 탐험과 정복을 위해 신대륙 아프리카와 동양의 제국들을 유린 후 원주민의 땅을 빼앗고 내쫓았으며 학살을 자행했다. 그러면서 부당한 폭력을 이교도 개종을 위한 수단이라고 변명했다는 사실이다.

　예수의 가르침과 모순된 이런 행위를 선교 확장이란 구실 아래 교황청이 묵인했다는 것을 나도 인정하고 싶진 않지만 사실을 왜곡할 권리는 없다. 교회는 이런 침략에 직접 가담하지 않았다 치더라도 자국들의 영토 확장 경쟁에 나선 스페인·포르투갈 양국의 세력 범위를 지시하고 식민정책을 시인한 점에서 공범자라고 말할 수 있다. 당시 교황이 발표한 칙

서에 침략을 부추기는 발언은 없다. 그러나 무역 발전과 원주민의 개종을 바라는 내용은 암시되어 있다. 중세 십자군 전쟁을 인정했던 교회의 사고방식이 16세기와 17세기에도 여전히 남아 있었던 것이다.

그 시절 학자들은 거룩한 전쟁(성전)으로 세 가지 조건을 인정할 때다. 첫 번째는 그리스도교 국가가 이교도 국가로부터 부당한 침략을 받았을 때와 그들에게 빼앗긴 영토를 회복하려 할 때다. 두 번째는 포교지에서 선교사들이 박해받았을 경우다. 세 번째는 이교도 국가에서 그리스도교 가치관으로 볼 때 인간적인 도덕을 지키지 않는 경우이다.

이것은 어떤 관점에서 보더라도 침략을 정당화하는 구실에 지나지 않는다. 또 한편 그리스도교 국가들이 영토 확장을 결정한다면 언제 어떤 경우라도 이방인의 영토에 병사를 보낼 수 있다는 이론과 별반 다르지 않다. 이렇게 정복 전쟁의 구실 하에 스페인과 포르투갈은 하느님의 빛이 비추어지지 않은 이교도의 나라에 정복자를 보내 원주민을 학살하고 자신들의 땅으로 만들 수 있었다. 그래서 선교사들도 이 정당한 전쟁의 조건을 시인해 히데요시의 기리시탄 금교령 때 일부의 선교사들이 반란을 계획하고 나가사키에 무기와 탄약을 모았던 일을 봐서도 알 수 있다.

우리들의 베드로 키베는 그 시절의 이러한 국제 정세를 어느 정도 알고 있었을까? 그는 로마의 콜레지오 학원에서 공부했다. 교사나 지도신부 또는 급우가 그리스도교 국가의 동양 침략에 대해 어떤 정당한 설명을 하더라도 키베는 스페인 포르투갈에서 생명을 받지 않았다. 그는 침략당하고 있는 동양의 인간이고 일본인이다. 그 일본이 왜 그리스도교를 금지한 이유도 알고 있다. 그가 아리마 신학교를 졸업하고 도슈쿠 시절 기리시탄 금교령이 발표되었다. 아마 선교사들은 금교령 원인의 하나로 제기되었던 포르투갈과 스페인의 동양 침략을 변명을 섞어 이야기했을 것이고 당시 키베도 그대로 인정했을지 모른다.

그러나 지금 그는 서구를 향하는 여행, 서구에서 돌아오는 여행에서 발리냐노 신부가 소년사절단에게 '보여 줘서는 안 되는 것'이라 했던 것을 보고 말았다. 선배 치지와 미게루가 의혹을 일으킨 점, 유럽에서 공부했던 아라키 토마스가 신앙을 잃어버리게 한 것을 봤다.

일본의 위정자들이 남몰래 두려워했던 것이 망상이 아니고 편견도 아니란 것을 인정하지 않을 수 없다. 서구의 그리스도교 국가들이 선교 확대의 이름으로 유색인의 땅을 빼앗아도 교회가 묵인하고 있는 철저한 슬픈 현실을 알게 되었던 것이다.

그러기에 키베는 혼란스러웠을 것이다. 그는 일본인이며 동시에 그리스도교 신자이며 신부로서 끊임없는 고뇌로 괴로웠을 것이다. 그는 신부로서 교회와 교황의 절대성을 인정하는 것은 이 침략을 토대로 동양 침략을 긍정하는 일이 된다. 일본인으로서 그것을 묵인하고 있는 교황과 교회의 방침을 승인할 수 없었다. 예를 들어 뜨거운 신앙의 열정 때문이라 해도 약탈한 땅 위에 교회를 세우고 원주민의 슬픔과 한탄 중에 예수의 사랑을 설교하는 위선을 키베는 일본인으로서 통절하게 느꼈을 것이다. 그러나 키베는 선배 치지와 미게루와 아라키 토마스와 같은 길을 걷지 않았다. 현실에 눈을 감은 것도 아니었다. 키베는 귀국 여정에서 교회가 예수의 가르침과 다르게 과실을 범하고 있음을 확실하게 보았다. 하지만 그러한 현실이 그의 신앙에 결정적인 동요를 일으키지 못했다. 그것은 키베 자신이 기독교와 기독교 신자의 행위를 명확히 구분하고 있었기 때문이다. 교회가 예수의 가르침대로 행동하지 못한 것은 너무나 많다. 신앙을 내세워 괴롭히고 상처 주곤 했던 사건들이다. 그것은 예수의 가르침과 그리스도교의 진실한 모습을 왜곡시키는 행위였다. 중세 십자군의 경우 그들의 행동은 하느님 이름으로 행해졌지만 예수의 가르침과는 멀다. 선교 확대를 위한 폭력적 침략을 묵인한 교회는 예수의 가르침과 멀리 있는 것이다. 역사적으로 교회와 신자들의 이런 행위가 예수의 가르침과 일치한다고는 누구도 자신 있게 말할 수 없을 것이다. 키베가 치지와와 아라키처럼 그런 길을 걷지 않은 것은 그 기독교 신자들의 역사적 행위와 그리스도교와의 구분을 명확히 인식했기 때문이라고 생각할 수 있다. 아쉽게도 두 선배는 16~17세기 왜곡된 교회 모습을 기독교의 본래의 가르침이라고 잘못 인식했다. 이 세기의 교회의 과실을 기독교 자체의 모습으로 착각한 것이다.

실제로 당시 교회는 숱한 잘못을 저지르면서 보다 더 높게 발전해 가는 '교회의 성장'이라는 모습도 있었다. 두 선배는 그 시기의 교회의 과실을 기독교 자체로 동일시하여 신앙을 포기했으나 키베는 두 선배보다 예수를 더 잘 알았다…….

긴 여정에서 베드로 키베는 하나의 결론에 도달한다. 두 선배는 교회의 과오를 기독교의 본질과 동일시했기에 혼돈했듯이 일본의 위정자들 역시 같은 시각으로 봤기에 위험한 종교로 판단하고 있다. 그들은 스페인과 포르투갈이 선교라는 명목으로 그들의 선교사를 일본에 보내 침략의 교두보를 만들고 있다고 판단한 것이다. 그렇다면 그 오해를 풀기 위해서는 외국인 선교사가 아닌 일본인 신부가 일본 선교를 해야 한다. 서구 교회의 잘못과 예수의 가르침 사이에는 아무런 연관이 없다는 것을 동포에게 자신의 몸으로 증명해서 보여줘야 한다. 예수의 복음과 예수의 사랑은 서구 국가의 영토적 야심과는 차원이 다르다는 것을 일본인에게, 위정자에게도 확실히 보여줘야 한다. 이것이 일본인 신부의 의무이며 사명이다. 베드로 키베는 그렇게 결론을 내렸다. 그 때문에 반드시 일본으로 돌아가야 한다고 키베는 생각했다. 타국의 안전한 장소에서 선교하는 일은 타당치 않고 일본인 신부인 키베에게는 용서할 수 없는 일이다. 그의 결심은 귀국 내내 날마다 마음속에서 강하게 자리 잡고 있었다.

※

하지만 일본으로 돌아가면 늘 쫓기는 신세가 될 것이다. 당국의 감시, 고통스런 잠복 생활, 체포, 고문, 처형이 기다리고 있다. 그는 그 사실을 잘 알고 있었다. 공포 때문에 겁나고 두려운 일이 이상하지 않다. 일본 땅이 가까워지자 공포감은 현실로 다가왔다. 그는 더욱 기도했고 마음을 다독거렸다. 예수의 수난과 자신의 고통을 일치시켜 보려고 애썼다. 그가 마카오 도착 후 일본을 목전에 두고 다시 시암(태국)으로 간 것은 이런 심적 두려움 때문이 아니었을까?

10년 만에 바라보는 마카오였다. 당시는 동료들과 함께 나가사키에서 이곳 포르투갈 영토로 추방되어 왔었다. 일본 정치 상태와 장상들의 편견으로 사제의 꿈이 좌절되었던 그때의 아픈 추억이 거리에 고스란히 남아 있었다.

키베가 마카오에 도착했던 1625년은 일본무역을 독점하려는 네덜란드와 포르투갈이 경쟁을 벌이던 시기였다. 일본에서 호쿠만(北蛮)이라 부르던 개신교 국가인 네덜란드는 가톨릭 국가 포르투갈 선박을 습격해 조금씩 타격을 주고 있었다. 당시 네덜란드는 히라도에 무역 본거지를 두고 포르투갈 무역 본거지가 있는 마카오를 약화시키려 했다. 동지나해에 함대를 대기시켜 일본으로 가는 포르투갈 무역선을 공격하곤 했던 것이다.

1622년 네덜란드는 17척의 군함이 포르투갈 상륙 저지를 위해 마카오를 포격한 일도 있었고, 포르투갈의 무역 단절을 위해 일본 막부를 충동질하던 시기다. 한편 가톨릭 선교사들의 잠입을 방해하여 가톨릭 국가의 정책을 중상하기도 했다. 이런 상황에서 키베는 마카오에 도착했던 것이다. 예전의 장상과 선배들을 만났지만, 호의적인 대접을 받지는 못했으나 예수회의 장상들은 혼자 맨몸으로 유럽에 가 결국 신부가 되어 돌아온 키베의 열정에 감복했고 말 없는 찬사를 보냈다. 당시 함께 추방되어 왔던 신학교 동료와 선배 중에는 외국으로 파견된 이들이 여럿 있었다. 주스토 야마다는 캄보디아로 파견되었고 안남(安南: 베트남)과 통킹교회에 파견된 이들도 있었고 니시 로마노는 마카오에 그대로 남아 있었다.

10년 전과 다른 부분은 포르투갈인과 일본인 사이에서 태어난 혼혈아가 많이 살고 있다는 점이다. 당시 일본 내에서는 네덜란드의 끊임없는 노력으로 포르투갈 사람이 거주할 수 없게 되어 있었다. 일본인과 혼인해 낳은 혼혈아도 마카오로 추방했다.

1625년 마카오에는 이런 혼혈아와 고국에서 쫓겨난 기리시탄들이 많았다. 예전에 키베가 마카오의 바오로 학원에 다닐 때 인근에 일본인을 위한 이냐시오 학교가 있었다. 키베는 오랜만에 그곳을 방문해 거기서 박해 실태를 자세히 들었다. 기리시탄 탄압이 강화된 것은 이미 마드리드에서 듣고 왔으나 이렇게까지 대규모로 조직적이고 치열한지를 이곳에서 구체적으로 알게 되었다.

1623년 도쿠가와 히데타다의 사망, 그리고 아들 이에미쓰가 쇼군이 되었다. 그는 조부 이에야스나 아버지 히데타다와는 달리 기리시탄 전멸 정책을 명령했다. 다이묘든 신분 고하를 막론하고 이 정책에서 피해 갈 수 없게 만들었다. 에도의 처형장 후다노쓰지에서 쇼군 이에미쓰의 가신 하라몬도와 두 명의 잠복 사제를 포함하여 50명의 신자를 모두 화형에 처했다. 300명 가까운 기리시탄들을 체포하여 고문했고 그중 37명을 화형과 책형 그리고 참수형에 처했다.

1623년의 박해는 전국으로 번져 엄청난 순교자가 탄생했다. 정확한 숫자를 파악할 수는 없지만 막부의 집계에 의하면 직할령에서만 사오백 명이었다고 한다. 박해 초기엔 잠복이 약간 용이했으나 동북 각지에서도 일괄 강력수색이 펼쳐져 센다이와 아키다 남부에서도 엄청난 신자가 처형되었다. 1624년 7월 26일 아키다번의 구보다에서 5명, 8월 4일엔 14명, 8월 16일에는 요코테에서 30명을 참수시켰다. 마카오 교회는 이러한 박해 상황을 잘 알고 있었다. 잠복 사제들의 편지와 추방된 혼혈아를 통해서 또는 일본에서 들어오는 선박 승무원들이 전해 주기도 했다. 키베는 마카오에서 이런 박해 정보를 세세하게 알게 되었다. 그는 마드리드에 있는 미게루 미노에스 신부에게 편지를 보내 박해 상황을 알렸다.

"올해 1624년에는 일본에서 500명의 순교자가 탄생했습니다. 잠복한 예수회 신부는 이제 15명밖에 없습니다. 일본인 수사도 잠복이 불가능합니다. 나는 이곳에서 입국 기회를 기다리고 있습니다."라고 보고하고 키베가 박해 상황을 꽤 자세히 알고 있으면서 여기서 밀입국 기회를 기다리고 있다고 적었다.

※

1624년 입국은 키베가 자신의 편지에 밝힌 것처럼 입국이 불가능하지 않았다. 물론 막부는 입국을 철저히 막고 있었지만 모든 항구를 끊임없이 봉쇄할 수는 없기 때문이다. 실제로 1620년 이후 입국한 선교사들이 꽤 있었는데 주로 마카오와 마닐라에서 온 성직자들이었다. 1621년 마카오에서는 예수회 신부 3명이 입국했다. 포르투갈인 카스토로 신부와 이탈리아인 콘스탄츠 신부 그리고 스페인 출신의 보루제스 신부다. 마닐라에서도 도미니코회의 와스케스 신부와 카스테레토 신부 그리고 예수회의 가르바리오 신부가 상륙했다.

1623년 5월에는 마닐라에서 10명의 선교사가 사쓰마를 통해 입국한 뒤 나가사키에서 활동하다 체포되었다. 철통같은 경계망을 쳐도 잠입이 전혀 불가능한 것은 아니었던 셈이다. 입국보다 잠복 생활이 더 어렵다고 말할 수 있겠다. 마카오에서 입국이 가능한 것을 알면서도 키베가 입국을 일시 연기하고 마카오에서 시암(태국)의 아유타야로 간 이유는 무엇이었을까? 치스리크 교수는 이렇게 추측한다. 마카오에 도착해 있던 베드로 모레혼 신부의 권유였을 것이라는 견해다.

모레혼 신부는 1614년 추방령 때까지 27년간 교토에서 선교하였다. 그는 히데요시 통치 때는 기리시탄 무장들에게 신뢰를 받았던 신부다. 그러다 도쿠가와 추방령으로 다카야마 우콘과 함께 마닐라로 추방되었다. 이곳에서 잠시 유럽으로 떠났고 1625년 마닐라로 되돌아와 필리핀 총독의 신뢰를 받으며 지냈다. 총독의 부탁으로 모레혼 신부는 시암의 아유타야에 억류되어 있던 스페인 사람들의 석방을 위해 노력한다. 그가 시암으로 가던 중 마카오에 들렸다가 키베를 만난 것이다. 과거 일본에서 두 사람이 어느 정도 친분 관계를 갖고 있었는지 알 수는 없으나 마카오에서 키베가 일본 입국을 변경한 것은 사실이다. 모레혼 신부는 시암의 아유타야에 일본인 거리가 있고 추방당한 기리시탄이 살고 있다는 것을 알려 주었을 것이다.

모레혼 신부가 키베에게 시암으로 가길 권했다면 어떤 충고였을까? 신중한 모레혼 신부는 귀국을 서두르지 말고 시기를 기다리라고 했을 것이다. 체포되고 처형되는 것은 확실한 일이니 일본선교의 무의미함도 전했을 것이다. 그러니 시암의 일본인 신자를 위해 일하는 것도 하느님의 뜻을 따르는 것이 아닐까 권했을지도 모른다. 모레혼 신부의 생각이 어떻든 키베 운명은 자신이 결정할 일이었다. 일본 잠복이 전혀 불가능한 것은 아니었다. 그런데도 귀국을 연기한 키베의 행동 뒤에는 심적 두려움이 있었던 것일까?

리스본에서 마카오까지 올 때 키베는 순교를 각오하고 왔다. 그런데 마카오에서 다시 막부의 집요한 신문과 생생한 고문 이야기를 들어 알고 있다. 화형과 물고문 운젠의 열탕고문 등 온갖 잔인한 수단을 동원해 기리시탄들에게 신앙을 버리도록 몰아쳤던 이야기들이다. 키베는 자신도 머잖아 그러한 고문을 감당해야 할 것으로 받아들였을 것이다. 신앙이 아무리 깊더라도 육체적 고통을 감당할 수 있을 것인가? 혹시라도 '고론다(ころんだ 배교)'라고 하면 지금까지의 각오는 허사가 되고 만다. 배교한 신부를 신자들은 멸시하고 고로비 파드레(배교한 신부)라는 오명으로 평생을 살아야 하는 것이 일본에서의 현실이다.

그는 주춤했다. 고문을 이겨낼 수 있다고 단언할 수 없다.

명예로운 사제 직분이 상처받는 것에 대한 두려움도 있었을 것이다. 쓰러질 것 같은 마음에 모레혼 신부의 설득력 있는 권고는 효과를 드러냈을 것이다. 고난 속의 일본교회로 가는 것보다는 안전한 시암의 일본인 마을로 가기 위해 잠시 귀국을 연기했을 것으로 나는 생각한다.

인간은 자신의 약함에 대해서는 언제나 적당한 선에서 변명을 한다. 키베의 경우도 그랬을 것이다. 마카오에서 일본행 배를 구할 수 없어 아유타야로 이동해 거기서 귀국하는 방법을 찾겠다고 자신과 타인에게 말했을 것이다. 키베는 강인한 의지의 소유자였다. 그런 키베가 약한 모습을 두 번 드러냈다. 한 번은 추방령 때였고 또 한 번은 일본을 목전에 두고 아유타야로 선회한 지금의 행동이다. 하지만 그가 약한 모습을 보였다 해도 그를 책망할 순 없다. 그가 믿는 예수도 십자가의 죽음 전날 피 같은 땀을 흘리며 괴로워했다.

예수는 그 고통을 겪은 후 비로소 하느님의 뜻을 받아들인 것처럼 베드로 키베 역시 즉시 받아들이지 못한 것이다. 이유 중의 하나는 자신이 신부라는 점이다. 박해가 극을 달리고 있는 지금 일본으로 돌아가면 분명 체포되고 고문에 굴복해 배교할 때 신자들에게 주는 지대한 충격과 걸림돌이 되어 그들의 신앙을 잃게 할 수 있기 때문이다. 박해자에게는 승리와 만족감을 주겠지만 신자들에는 신앙과 용기와 희망까지도 꺾는 돌이킬 수 없는 패배감을 안기게 된다. '일본을 떠나온 것은 신부가 되기 위해서였고 신부가 되어 돌아가기 위해서였다.' 그 신념으로 오늘날까지 살아온 키베였으나 정신적 동요를 피할 순 없었을 것이다. 모레혼 신부의 설득으로 키베는 마카오에서 아유타야로 갈 마음이 들었으리라.

마카오에서 2년을 지내고 1627년 2월 드디어 말라카로 가는 배를 찾았다. 늘 그랬듯이 여행객이 아니라 하급 승무원으로 잡일을 하면서 포르투갈 범선을 탔다. 마카오와 말라카 사이의 항해는 안전하지 못했다. 이 시기 포르투갈의 동양 진출을 방해하려고 네덜란드의 함대가 항로 군데군데에 잠복해 있으면서 괴롭혔다. 키베가 탄 포르투갈 범선은 한동안 순조롭게 해로를 지나가고 있었다. 거의 싱가포르에 접근했을 때 갑자기 4척의 네덜란드의 배가 수평선에 몸을 드러냈다. 적선이 화물을 가득 싣고 저속으로 달리던 포르투갈 배를 공격하자 속수무책이었다. 포르투갈 배는 전투를 포기했고 승무원들은 포로가 되지 않으려 바다로 뛰어들었다. 키베도 성무일도서와 옷, 신부들이 부탁한 편지 등을 지닌 채 배를 버렸다. 온 힘을 다해 도착한 곳은 무인도 바닷가였다. 거기서 말라카까지는 두 주간 거리, 도적까지 출몰하는 정글을 헤치며 비 맞고 3일간 굶으며 걷고 또 걸었다. 건강했던 그도 말라리아에 걸렸다. 아라비아 사막을 횡단했던 건장한 체구였지만 말라카에 도착하자마자 고열과 오한에 시달려야 했다. 그는 5월에야 시암으로 가는 배를 탈 수 있었다. 말라카에서 시암의 아유타야 왕국까지는 보통 한 달이나 40일이면 도착할 수 있었다. 하지만 악천후로 인해 두 달이 걸렸다고 키베는 기록에 남겼다. 드디어 배는 7월 말 즈음 짜오프라야강을 거슬러 올라갔다. 야자수 밀림이 양쪽 강가를 뒤덮고 있었다. 사방으로 시암의 대나무 공예를 만들어 파는 민가들이 보였다. 밭에는 검은 소들이 있었고 야자수 사이로 수도 아유타야가 보였다. 장엄하고 화려한 왕궁과 탑 그것을 둘러싼 불교 사원들이 햇빛에 반짝이고 있었다. 베드로 키베는 또 다른 이국의 풍광을 보고 있었다……

키베가 도착한 1625년의 아유타야는 뿌라 인타라쟈 왕의 지배하에 있었다. 손타무 대왕이라고 불리기도 하는 임금이다. 마치 해자를 파 놓은 것처럼 강이 거리를 감싸며 돌고 있었다. 도시에는 시암 민족만이 사는 것은 아니고 다국적 이

주민들이 함께 살고 있었다. 『신동인도지(新東印度志)』의 저자 프랑수아 프랑타인은 다음과 같은 기록을 남겼다.

> 이곳에는 시암 사람도 있지만 중국인 말레이시아 사람 캄보디아와 포르투갈 그리고 네덜란드와 일본에서 온 사람들까지 살고 있다. 저마다 거주지를 갖고 있으며 각자 자신들의 통솔자를 두고 자치적으로 살고 있다.

일본인 마을은 아유타야 왕이 살고 있는 궁전 남쪽에 있었다. 짜오프라야강 동쪽 강변 지역이었다. 반대편에는 포르투갈인 거주지가 있었고 네덜란드인 거류지도 가까이에 있었다. 1615년경부터 일본에서 추방된 기리시탄과 무역 상인들이 이곳에 정주하기 시작했던 것이다. 3차례 화재가 있었지만 베드로 키베가 도착했을 때는 전성기를 누리던 시기였다. 일본인 거주자는 천 명에서 천오백 명으로 추산되고 있었다.

마을은 선발된 통솔자가 일본의 법률과 관습을 지키며 거주자들을 통솔하고 있었다. 손타무 왕국에서 임명한 시암 관리의 행정 지시를 받았고 일종의 조건부 치외법권을 누리고 있었다. 키베가 머물던 1627년경 일본인 마을의 통치자는 야마다 나가마사였다.

야마다 나가마사와 베드로 키베

1617년이나 18년경 일본에서 시암으로 건너온 나가마사는 무역상으로 두각을 나타냈다. 시암의 사슴 가죽과 상어 가죽 등을 일본으로 수출해 부를 쌓았고 도쿠가와 막부의 신뢰도 얻었다. 그는 휘하에 일본인 사병 800명을 거느리는 용병대장이기도 했다. 손타무 왕국으로부터 '오곤 챠이야슨'이라는 작위도 받아 왕궁 출입도 가능했다. 아유타야에 상륙한 키베는 즉시 모레혼 신부와 연락을 취했다. 마카오에서 작별한 뒤 모레혼 신부는 마닐라를 거쳐 키베보다 1년 전에 이곳에 와서 살고 있었던 것이다. 당시 그는 필리핀 총독 요청으로 포로가 되어 있던 스페인 선원 30명의 석방을 손타무 왕에게 청탁하기 위해 왔던 것이다.

교섭은 성공하지 못했지만 시암 왕궁은 모레혼 신부에게 선교 자유를 허락했다. 이렇게 되자 마카오에서 동행한 로마노 수사와 안토니오 카루딤 신부에게 시암의 선교를 맡겼다. 로마노 수사는 키베 8년 선배로 마카오로 추방될 때 함께 왔었는데 아유타야에서 조용히 선교하고 있었던 것이다. 로마노와 카르딤 신부는 키베가 도착하자 그를 일본인 마을의 유력한 신자 집 하인으로 직업을 알선해 주었다. 당시 키베는 말라리아에서 막 회복한 상태였고 자신이 신부라는 신분을 감추었다고 편지에서 밝혔다.

로마노 니시와 카르딤 신부의 주거지는 유럽인들 거리에 있다. 두 사람은 약간 떨어진 곳에서 살고 있다. 나는 일본인 마을의 훌륭한 신자 집에 있다. 내가 신부들과 자주 만나는 것이 눈에 띄지 않도록 한 주에 한두 차례 들러 미사를 봉헌했다. -(1630년 5월 로마에 보낸 편지)

키베는 일본인 마을에서 신자들에게 사제 신분을 밝히지 않았다. 그것은 한동안 드러내지 않고 있던 귀국 의지가 되살아난 것으로 생각한다. 당시 일본과 아유타야를 왕복하는 선박은 막부의 엄격한 시책을 따라야 했는데 그중 하나가 승무원의 신원과 종교를 제출해야 했다. 귀국 기회를 살피고 있던 키베는 신분을 감출 수밖에 없다. 1630년 자신이 썼던 편지에는 한 번씩 흔들렸던 행동에 자책감을 느끼고 있음을 암시하고 있다. 일본인 신부인 자신이 박해에 신음하는 신자를 외면하고 아유타야에 온 것이 견디기 힘들었고 서구의 침략과 식민주의와 달리 복음을 전하지 못하고 안전한 아유타야에 머물고 있다는 것에 키베는 괴로워했을 것이다. 일본으로 돌아가자. 그러기 위해 필리핀을 경유해 마카오로 다시 돌아가자. 키베는 아유타야에서 생각을 다잡기 시작한다. 그러나 마카오로 가기 위해선 배가 있어도 어렵다. 일본인 신분으로 선원이 되려면 엄격한 신원조사가 필요했기 때문이다. 1627년부터 1630년 사이 키베는 아유타야의 신자 집에서 하인으로만 일했을 뿐 특별한 사건 없이 지냈다.

일본인 마을의 통솔자 야마다 나가마사와 만났다는 기록은 편지나 다른 문서에도 없다. 그러나 키베가 비극적인 영웅 야마다 나가마사의 파란만장한 일생의 한 시기를 똑똑히 목격한 것은 사실이다. 그가 머물던 1627년부터 1630년 사이 아유타야 왕궁에서는 권력투쟁이 전개되었다. 1628년 손타무 대왕의 죽음이 임박하자 동생을 계승자로 지지하는 파와 왕자 젯타를 후계자로 지지하는 파로 갈렸다. 두 파벌은 투쟁을 벌였다. 당시 야마다 나가마사는 일본 사병을 거느리고 있었기에 양쪽에서 자신의 편으로 끌어들이려 공작을 계속하자 야마다 나가마사는 왕자 편에 서는 태도를 취했다.

1628년 12월 손타무 대왕이 죽자 왕자 지지파는 즉시 행동을 개시했다. 임금의 동생 지지파는 고관을 막론하고 체포되어 저택과 재산은 몰수되고 유력자들은 머리와 수족을 잘라 처형했다. 왕자 젯타 지지파에 힘을 실어 준 야마다 나가마사는 왕자를 옹립한 재상 카라호무와 손을 잡았다. 이후 그의 휘하에 있던 일본인 병사들은 재상의 친위대가 되었다. 야마다는 재상의 명으로 왕자 지지파에겐 암과 같은 존재인

왕의 동생을 체포해 동굴에 감금했다. 야마다는 죽은 손타무 대왕에 대한 충성심에서 왕자 편에 섰지만 비밀에 싸여 있던 재상의 야망은 눈치채지 못하고 있었다. 교활했던 재상 카라호무는 야마다와 일본인 병사들을 이용해 힘을 축적한 뒤에 자신이 옹립한 새로운 임금 젯타를 살해한다. 그리고는 10살 된 왕의 동생 아치치아옹을 내세우며 정권을 장악했다. 재상의 술책을 알게 된 야마다 나가마사는 저항을 시도했지만 오히려 술책에 넘어간다. 재상은 야마다 나가마사를 리고루의 왕으로 임명했고 1629년 일본인 병사들과 임지로 갔지만 재상의 사주를 받아 독살당한다.

그는 전국시대 남자로 자신의 왕국을 소유했다는 희열에 잠시 젖었을 뿐이었다. 손타무 대왕이 죽고 야마다 나가마사가 죽을 때까지의 3년은 쉴 새 없이 서로 죽고 죽이는 살해의 전쟁 현장이었다. 나가마사도 그가 지배하던 일본인 마을도 소용돌이에 휘말렸던 기간이다. 그런 아유타야의 생활을 키베는 로마의 친구들에게 한 줄도 적어 보내지 않았다. 이곳에 살던 일본인의 운명에 대해 관심이 없는 듯했다.

그러나 키베는 아유타야에 살던 3년 동안 야마다 나가마사라는 한 남자가 타국에서 출세 가도를 달리는 과정을 똑똑히 목격하였다. 야마다 나가마사가 승리할 때마다 일본인들은 환호하였고 리고루 왕으로 갈 때의 화려한 모습을 감탄하며 바라봤었다. 그러나 키베는 그러한 영광에 눈을 감았다. 흥미도 관심도 드러내지 않았다. 야마다 나가마사와 자신은 전혀 다른 세계에 사는 별개의 인간처럼 생각하고 있었다. 야마다와 키베는 17세기 일본인으로서는 같은 처지에 있었다. 두 사람은 일본을 떠나 낯선 나라로 달려온 이방인이었다. 그들은 자신이 만들어 갈 나라를 꿈꾸며 살아갔던 사람들이었다. 그러나 다른 점이 있다. 야마다 나가마사는 지상의 영달을 위해 일본을 떠난 사람으로 타국에서 일본인 왕국을 세우려 했던 사람이다. 베드로 키베는 다시 일본으로 돌아가 하느님 나라를 일본에 세우려는 사람이다. 야마다 나가마사가 지상 왕국을 위해 목숨을 걸었듯이 키베는 하느님의 왕국을 위해 목숨을 걸었던 것이다.

지상의 나라와 하느님 나라 - 두 사람의 꿈은 같은 왕국이었지만 두 왕국은 너무나 차원이 달랐다. 시암의 뜨거운 도시인 아유타야에서 야마다와 키베가 대화를 나누었는지 알 수 없다. 두 사람의 운명은 뭔가 비슷한 것 같지만 사실은 너무나 다르다.

1530년 야마다는 리고루에서 재상 카라호무의 올가미에 걸려 독살당했다. 그러나 베드로 키베는 그해 필리핀으로 가는 배를 타고 아유타야를 떠났다. 야마다 나가마사는 죽기 위해 리고루로 갔고 베드로 키베 역시 죽기 위해 일본으로 가고 있었다.

10

지옥의 나가사키에서

약 2년간 아유타야에 머물며 주님의 이름으로 일본행 배를 찾았으나 매번 허사였습니다…. 다시 마카오로 돌아가야겠다고 생각하고 있었을 때 2년 전 시암이 압류했던 스페인 함선 페르난도 시루바의 화물을 돌려 받으러 마닐라 총독이 보낸 배가 아유타야로 왔습니다. 이 기회에 저는 필리핀으로 가서 마카오로 건너가기로 작심했습니다.

- (1630년 5월 마스칼레냐스 신부에게 보낸 베드로 키베의 편지)

1630년 키베는 그 배를 타고 아유타야에서 마닐라로 갔다. 당시 일본인은 필리핀을 '루손(呂宋)'이라 적었다. 마카오가 포르투갈 식민지가 된 것처럼 마닐라는 스페인령의 섬이 되어 있었다. 루손은 일본과의 우호 관계로 인해 일본인이 많이 살고 있었다. 무역에 종사하는 이들은 원래 1614년 금교령으로 추방당한 기리시탄들이고 그들은 마닐라 근교에 모여 살았는데 디오라 마을과 산 미구엘 마을에 특히 많았다. 전성기는 1620년부터 1623년까지로 3천 명이 넘는 일본인 거주자가 있었다는 자료도 있다.

금교령 이후 일본인 신자는 해마다 늘어났다. 필리핀 당국은 마카오와 마찬가지로 그들에 대해 곤혹스러워했다. 자존심 강한 몇몇 일본인들은 지배국 스페인에 동조하지 않고 반란을 일으키기도 했다. 그런가 하면 스페인과 포르투갈이 앙숙으로 여기는 네덜란드와 가깝게 지내는 이들도 있었다. 그러면서도 어느 한쪽으로 몰리는 현상은 없었다.

추방된 기리시탄들은 고국과 달리 안전하게 종교 생활을 하며 살았으나 마카오와 아유타야에 예전부터 살고 있던 일본인처럼 고국으로 갈 수는 없는 운명이었다. 위험을 각오하고 일본으로 가려고 해도 방법이 없었다. 마닐라의 수도회는 키베가 속한 예수회보다 프란치스코 수도회가 더 많았고 도미니코 수도회는 일본인 교회를 마닐라에 세웠고 예수회의 아리마의 신학교 같은 일본인 2세를 위한 학원을 설립하기도 했다. 도쿠가와 막부의 탄압으로 예수회가 일본선교에서 압박을 받고 있을 때 프란치스코 수도회와 도미니코 수도회는 필리핀에서 젊은 일본인들에게 관심을 기울이고 있었다. 그들을 적극적으로 양성해 일본에 잠복시키겠다는 대범한 계획을 세우고 있었다. 마닐라에 도착한 키베는 이러한 분위기를 띠고 있는 필리핀의 일본인 마을을 방문했던 것이다. 디오라와 산 미구엘이 대표적인 마을이었다. 이곳에는 15년 전에 함께 추방당했던 예전의 신학교 동료들도 있었다. 추방될 때 '마카오 그룹'에 속했던 키베 일행은 무난하게 항해를 했다. 그러나 '마닐라 그룹'에 속했던 이들은 좁은 공간에 많은 인원이 타 고생했다. 게다가 풍랑까지 겹쳐 환자와 사망자까지 발생하는 등 온갖 고난 끝에 마닐라에 도착하였다. 마닐라 그룹에는 다카야마 우콘과 나이토 주앙같은 손꼽히는 기리시탄 다이묘도 섞여 있었다. 신학교 졸업생 중에는 마닐라에서 사제품을 받은 디에고 류키가 있다. 류키 신부는 훗날 일본에 잠복해 활동하다 장렬하게 순교했다.

베드로 키베는 15년 전 나가사키에서 헤어졌던 반가운 이들을 만났다. 아마도 산 미구엘 일본인 마을이었을 것이다. 젊은 시절의 얼굴들이 장년의 모습으로 변해 있었다. 그래도 한눈에 그들을 알아봤다. 그중의 한 사람이 미게루 마쓰다였다.

그는 신학교가 1612년부터 1614년까지 이전한 신학교가 나가사키에 있을 때 라틴어를 가르치던 교사였다. 마닐라에서 신부가 돼 일본으로 밀입국을 시도하다 배가 난파되어 중국 포로가 되어 오랫동안 감옥에 갇혀 있었다는 이야기를 키베도 들은 적이 있다. 그를 이곳에서 만난 것이다. 더구나 마쓰다 신부가 의연하게 일본으로 잠입할 뜻을 밝히자 기뻤다. 두 사람은 함께 귀국 계획을 세우자 마닐라에 살고 있는 이요 제로니모 신부가 동참 의사를 밝혀 그도 동행하기로 했다. 그도 아리마 신학교 졸업생으로 마닐라로 추방된 뒤 프란치스코 수도회에 입회해 있었다. 키베는 이곳 마닐라의 분위기가 마카오와 아유타야와는 사뭇 다르다는 것을 느꼈다. 프란치스코 수도회는 일본으로 신부가 귀국하는 것을 대단히 용기 있는 행위로 평가하였고 신자들도 적극적으로 도와주었다. 신자들은 필리핀에서 서품된 일본인 신부의 귀국을 일본교회에 자세히 알리기도 했다. 이런 우호적인 분위기에서 계획은 순조롭게 진행되었다. 제일 먼저 믿을 만한 신자 선원들과 선박을 마련했다. 그들은 죽음을 각오한 신부들에게 감동받아 자신들도 순교하겠다며 배를 타기로 했다. 하나의 작은 공동체가 만들어진 것이다. 계획이 새어 나가선 안 된다. 밀고자는 어디에나 있다. 마닐라에도 막부가 심어 놓은 스파이가 있을 수 있다. 신부들은 장상에게만 계획을 알리고 허락을 청했다. 마닐라 관구장 부에바 신부와 스페인 총독의 고백 사제인 코리이니 신부 그리고 신학교 원장이었던 모레혼 신부에게만 비밀을 알렸다. 3월 2일 키베와 마쓰다 신부 그리고 선원들은 마닐라만에 근접한 루방(Lubang) 섬으로 이동했다. 이요 제레니모 신부는 다른 배를 타고 두 사람이 선두로 루방 섬으로 간 것은 출항을 다른 사람들 눈에 띄지 않기 위해서였다. 항해에 적당한 6월의 계절풍이 불 때까지 기다리기로 했다. 루방 섬에서 키베는 편지 기록을 남겼다.

주님의 자비하심이 우리의 계획과 항해를 축복하시고 지켜 주시기를 빕니다. 우리는 수도회 창립자이신 이냐시오 성인과 프란치스코 하비에르 성인께 끊임없는 전구를 청하고 있습니다. 저희는 그분들께 합당치 못한 회원이지만 이 대업을 완수하게 도와주시길 기도합니다. 부디 저희의 허물을 보지 마시고 저희에게서 주님 도우심의 은총을 거두지 마시옵소서.

3개월 동안 바닷가 주변의 작은 집에서 준비하며 기도와 공동생활을 했다. 물론 죽음을 각오한 두 신부와 일본인 선원들도 함께 기도하며 매일 격려와 힘을 나누었다. 작은 공동체는 전쟁 출전 용사들처럼 열기와 흥분으로 지냈다. 다른 공동체와는 달랐다는 것을 모레혼 신부의 다음 수기에서도 짐작할 수 있다.

> 출항 준비가 거의 끝나가는 어느 날 신부들이 내게 왔다. 그들은 맥빠진 목소리로 출발에 장애가 생겼다고 한다. 선장과 뱃사람은 물론이고 배에 승선할 모든 이가 신분증에 기록이 없으면 승선할 수 없다는 조건을 말하였다. 그리고 일본에 도착해 사제 신분이 발각된다면 배에 탔던 모든 이가 취조받는다고 한다. 선장, 보조자 그리고 안내자 모두가 처형받는다고 했다. 이런 일은 오래전부터 있던 일이라고 한다. 모두는 그리스도를 위해 목숨을 바칠 준비가 되었으나 신분증의 문제를 어떻게 해야 할지 고심하고 있다.

다음 역시 베드로 키베가 출항을 앞둔 6월 어느 날 쓴 편지 내용이다.

> 인간의 계획이 얼마나 헛된 것이며 부서지기 쉬운 것인지 하느님께서 알려 주셨습니다. 모든 준비를 마쳤는데 흰개미가 배를 갉아먹어 버렸습니다. 지금 당장 어떻게 손쓸 방법이 없다는 것을 알았습니다. 이곳에는 쇠나 역청 같은 것이

없어 대처할 수도 없습니다. 시간이 없어 빨리 마치지 않으면 안 됩니다.

6월이 지나면 계절풍만으로 배를 움직일 수 없게 된다. 노심초사한 그들에게 생각지 못한 이가 도움의 손을 내밀었다. 루방 섬의 주임신부 메르친 데 우레타였다. 그는 벌레가 갉아먹은 배의 내측에 판을 대고 일단의 응급처치를 해 주었다. 완전치는 않으나 다른 방법이 없었다. 루방 섬을 떠났다. 바시 해협을 통과해 쿠로시오에 들어온 키베가 탄 배는 흔들거리며 북상했다. 16년 동안 떨어져 있었던 그리운 고국 일본. 키베는 자신과의 약속을 지키기 위한 때가 가까이 오고 있음을 느꼈다. 잠시 신자들을 뒤로하고 신부가 되어 돌아오겠다고 다짐했던 일본. 그리고 마침내 사제가 되었다. 귀국에 대한 맹세를 지켜야 한다. 어제는 버리고 갔던 일본인을 위해 오늘을 위해 살아야 하고 고통을 함께 나누며 지내야 한다.

항해는 처음엔 순조로웠다. 흰개미가 파먹은 배였지만 선원들의 열성과 노력으로 대만의 산들을 바라보며 일본 남단을 목표로 나아가고 있었다. 드디어 류큐[24] 섬들이 보인다. 류

---

24 琉球: 현재의 오키나와. 당시는 독립된 다른 왕국이었다. (역주)

큐를 지나면 일본 땅 사쓰마(가고시마)가 모습을 드러낼 것이다. 서서히 구름의 움직임이 괴상해지더니 파도가 사나워지기 시작했다. 사쓰마 섬을 지나자 폭풍우가 몰아쳤다. 키베가 탄 배는 파도에 휘말렸다. 요동치던 배는 구치노 섬 암초에 부딪치고 말았다. 다행히 그 장면을 구치노 섬 어부들이 목격해 그들의 힘으로 구조되었다. 어부들은 난파선에 기리시탄 신부가 두 명이나 있는 것은 생각도 못했을 것이다. 소박한 어부들은 두 사람을 무역 상인으로 생각하고 친절하게 대해 줬다. 어부들은 바람이 잠잠해지면 사쓰마에 데려다주겠다고 약속까지 했다. 배의 파선은 베드로 키베와 마쓰다 미게루 두 신부에게 뭔가 불운한 일을 암시하는 것일까? 그들이 겪어야 할 운명을 미리 보여 준 사건일까? 그러나 키베 일행은 그렇게 생각하지 않았다. 그들이 일본에서 겪어야 할 시련에 비한다면 배의 파손 정도는 아무것도 아닌 일이었다. 폭풍이 사라지자 바다는 눈부시게 빛났다. 여름의 태양은 평온하게 빛을 반사했다. 두 신부는 구치노 섬의 어부가 젓는 배에 올라탔다. 사쓰마 보노즈를 향해 나아갔다. 16년 만에 밟을 규슈를 향하여 그들은 서서히 출발했다.

※

 일본땅이다. 베드로 키베와 마쓰다 미게루가 도착한 1630년 그해도 예전과 변함없이 철저한 수색과 가혹한 고문이 있었다. 그리고 여러 곳에서 처형이 실시되고 있었다. 일일이 열거할 수는 없지만 두 신부가 잠복하려는 나가사키에 대해 몇 가지를 이야기한다면 지난해(1629년)에는 기리시탄들의 묘까지 파헤쳤다. 이유는 박해의 본보기로 삼기 위해서였다. 죽은 이의 시신을 꺼내 효수한 것이다. 끔찍한 일이었다.

 나가사키에 새로 부임한 부교 다케나카 시게요시는 처형보다 배교시키는 데 주력했다. 설득당하지 않으면 온갖 고문을 가하다 운젠으로 데리고 가서 '열탕고문'을 가하기도 했다. 현재 운젠 온천 지역을 '운젠 지옥'이라고 했다. 유황이 뜨겁게 솟아오르는 계곡이다. 배교하지 않는 신자들을 이곳으로 끌고 와 목에 돌을 매달아 끓는 물 속에 집어넣기도 했고 나체의 몸에 뜨거운 유황 물을 끼얹는 고문을 가하기도, 때로는 열탕에 들어가 서 있게 하는 잔인한 고문도 실시했다. 다음은 실제로 그 고문을 받았던 데 헤스스 신부의 기록이다.

산 위에 오르자 분화구에서 물이 분출하는 것이 보였고 유황의 악취도 풍겼다. 유황 증기가 공중으로 치솟아 오르고 있었다. 우리가 체험하게 될 무서운 열탕 고문의 현장이다.

고문은 금요일 3시경에 있었다. 부교가 병사들과 함께 우리를 고문 장소로 데리고 갔다. 지옥 분화구 옆 약간 높은 곳에 우리를 세웠다. 뜨거운 유황 물이 비말이 되어 1미터 이상 튀어 오르고 있었다. 무시무시한 분출이었다. 여러 명을 나란히 세우곤 물을 끼얹기 시작했다. 계속 그렇게 했다. 열탕 물이 닿으면 살이 녹는 것 같았다. 나중에는 뼈가 보이기도 했다.

훗날 아나즈리[25] 고문으로 배교한 예수회 소속의 크리스토퍼 반 페레이라 신부의 보고서에 의하면 운젠으로 데리고 갔던 신자 중에는 여자 교우도 있었다.

여자의 옷을 벗긴 뒤 4명의 형리가 사지를 누르고 몸에 뜨거운 물을 부었다. 고통을 오래 느끼도록 바가지에 구멍을 내고 천천히 붓기도 했다. 고문은 하루에 끝나는 것이 아니

---

[25] 아나즈리(穴吊り): 구멍 매달기 고문. 구덩이를 파고 오물로 채운 뒤 죄인을 거꾸로 매달아 두는 고문. 눈 코 입으로 혈액을 천천히 쏟게 하는 고문 방법. (역주)

운젠 열탕 고문 장소

고 며칠씩 나누어 실시되었다. 고문 후 배교하지 않으면 움막으로 데리고 가 손발을 사슬에 채운 뒤 의사의 치료를 받게 했다. 도움을 주기 위해서가 아니라 두 번째 열탕 고문을 위해서였다. 신자들에겐 하루 밥 한 그릇과 정어리 한 마리가 제공되었다.

다케나카가 고안해 낸 이 고문은 효과가 있었다. 고통을 견디지 못하고 많은 이들이 배교했던 것이다. 물론 끝까지 신앙을 지킨 교우들도 있었다. 고문으로 배교한 이들은 고통스러워했다. 그러면서 침울한 불평을 쏟기도 했다. "사랑의 하느님은 왜 이런 고통 받는 이들을 돕지 않고 침묵하시는

가?" "어찌하여 당신을 믿는 이들에게 혹독한 고난을 주시는가?" 한편 고문에 굴하지 않던 이들은 고난이야말로 영생에 이르는 길이라고 외쳤다. 시련 역시 자신들이 마땅히 받아야 할 벌이라고 생각했다. 고문의 고통 속에서도 예수의 수난을 배우려는 그들은 예수도 육체의 고통을 겪었다는 사실을 기억하고 있었던 것이다. 어쩌면 고문 중에 하느님의 무서운 침묵을 생각하는 이들은 배교했고 하느님이 지금 자신들과 함께 고통 받고 있다고 생각하는 이들은 고통을 견디어 냈다고 할 수 있다.

일본땅이 가까워진다. 그 땅으로 베드로 키베와 마쓰다 미구엘은 구치노 섬의 어부들이 저어 가고 있는 배로 지금 상륙하려고 한다. 현재는 기리시탄 신자들이 피투성이가 되어 있는 전쟁터다. 배교자가 되어 살아남든가 아니면 신앙을 지키며 죽든가 두 가지 길밖에 없는 전쟁터다. 구치노 섬을 출발한 며칠 뒤 두 신부는 드디어 조국 사쓰마의 산들을 바라봤다. 7월의 작열하는 태양은 기름이라도 녹일 것처럼 바다를 내리쬐고 있었다. 산도 해변도 나른했다. 뜨거운 세상은 고요하고 잠잠할 뿐이나 그 조용한 정적이 두 사람에게는 까닭 모를 불안감으로 다가왔다. 마침내 배는 작은 항구에 미끄러지듯 들어갔다. 사쓰마의 보노즈 항이다. 당시엔 중국과 류큐의 배가 가끔씩 들어왔고 포르투갈 배도 순조롭게 입항하던 항구였다. 입국 때 심사 관리들이 보노즈 어민들의 말을 그대로 믿었다. 베드로 키베와 마쓰다 미구엘을 상인이라 생각하고 입국을 허락했다. 첫 관문은 이렇게 돌파할 수 있었다. 어느새 16년 만에 고국의 땅을 밟고 있는 것이다. 마카오에서 고아에서 그리고 아라비아 사막을 횡단할 때도 결코 잊을 수 없었던 땅. 예루살렘을 방문했을 때도 유럽에서 공부할 때도 뇌리에서 떠나지 않던 일본땅. 지금 그 땅을 키베는 두 발로 밟고 서 있다.

상륙 후 키베와 마쓰다가 어느 곳으로 잠복하려 했는지 모른다. 1631년 작성된 죠앙 데 프라에스의 보고서에 의하면 키베는 일본에서 만난 유력한 포르투갈 사람에게 자신의 과거를 말하면서 교토로 갈 것을 암시했다고 한다. 이 유력한 포르투갈 사람을 보노즈에서 만났는지 잠시 머물던 나가사키에서 만났는지는 불분명하다. 아무튼 상륙 직후 키베와 마쓰다는 먼저 나가사키로 갔을 것이다. 나가사키는 박해 중에서도 잠복 선교사와 신자의 연락이 가능한 곳이었기 때문이다. 두 신부는 잠복하고 있는 장상에게 자신들의 귀국을 알리고 장상의 명에 따르려 했을 것이다. 1630년 나가사키에서는 잠복 사제가 조심스레 활동하고 있었다. 그런데 새로운 부교 다케나카 시게요시가 부임하면서 사제 몇몇을 체포했다. 충격받은 신자들은 남은 신부들을 산속의 동굴과 비밀장소에 숨겼고 지하활동은 조직적으로 움직였다. 다음은 당시 체포되었던 이시다 안토니오 신부가 남긴 기록이다.

나는 위험 가능성이 적은 오무라로 되돌아갈 생각에서 잠시 나가사키로 갔다. 고해성사 받을 신자들이 많아 6일간 나가사키에 머물렀는데 부교소 관리 여러 명이 내가 숨어 사는 오무라의 집으로 간다는 전갈을 보냈다. 수도자가 숨어 있다는 소문을 그들이 들었기 때문이다. 나는 상황을 더 파악해 보려고 나가사키에 남았다. 그런데 아우구스티노회 구치에레스 신부가 체포된 것을 알게 된 나가사키의 집주인은 집을 나가라고 했다. 그래서 다음 날 저녁 디에고 쿠베에 집으로 갔다. 이 교우는 내가 나가사키의 집주인에게 쫓겨난 일을 듣고도 자신의 집에 머물라고 했다. 나는 폐를 끼치고 싶지 않아 다음 날 다른 집으로 갔다. 4일째 되던 날 미사를 봉헌하며 하느님께 생명을 바칠 각오를 했다. 조식을 마쳤을 때 밖에서 요란한 소리가 들리더니 다케나카 우네메의 부하가 칼을 차고 나타났다. 그는 이시다인가 하고 물었다. 나는 대답했다. 나는 신부며 수도자입니다. 그러자 그가 외쳤다. 너를 체포한다. 말이 끝나자마자 부하들이 눈사태처럼 닥쳐들었다.

이시다 안토니오 신부는 베드로 키베 15년 선배로 졸업 후 마카오로 유학 갔고 소년단 이토 만쇼와 나카우라 줄리안과도 같이 공부했었다. 이후 일본으로 돌아와 예수회 신부가 돼 1614년 금교령 이후에는 잠복 사제로 활동했다. 추고쿠(中國) 지방에서 활동하다가 나가사키에서 체포되었다.

키베와 마쓰다 신부는 이렇듯 위험이 도사리고 있는 나가사키에 모습을 드러냈다. 일본 기리시탄 전쟁터를 스스로 찾아온 것이다. 고통 받는 신자들에게 힘이 되고 고문과 죽음이 두려워 신앙을 포기하려는 이들을 격려하기 위해서였다. 성사를 주고 고백을 들으며 그들과 함께 고뇌를 나누는 잠복 사제가 되기 위해서다. 당국의 치밀한 수색에도 잠복 사제들은 조직망을 갖추고 있었다. 두 신부는 예수회 소속으로 관구장 중심으로 행동했고 박해 상황도 서로가 보고하며 연락을 취했다. 당시 예수회 관구장은 일본에 머문 기간이 43년이나 되는 마테오 데 코로스 신부였다. 1609년부터는 아리마 신학교 교장으로 있었던 신부다. 잠복 사제 중에는 킨쓰바(金鍔)라 불리던 일본인 신부가 있었다. 놀랄 만큼 대범한 행동을 했던 신부다. 그는 키베보다 늦게 신학교에 들어왔고 추방령으로 키베 일행에 섞여 마카오로 갔던 사람이다. 그곳에서 키베는 유럽 유학을 위해 고니시 만쇼와 미게루 미노에스와 함께 고아로 떠나게 된다. 그러나 킨쓰바 토마스는 그때 일본으로 되돌아와 도슈쿠로 잠복해 살다 사제가 되려는 열망으로 다시 마닐라로 갔고 그곳에서 아우구스티노회 수도사제가 되어 1631년 일본으로 재입국했다. 나가사키에 잠복해 살면서 막부와 맞서기도 했다. 다음은 그에 관한 일화다. 용감했던 그는 나가사키 부교 다케나카 마부로 취업해 감금된 선교사와 접촉했고 신자들과도 연락망을 구축했다. 마부 일을 하면서 받은 돈으로 감옥의 신부들과 신자들의 지하조직을 도왔다. 또 비밀조직에 속한 신자들과 긴밀한 소통을 했다. 그 일은 매우 위험한 일로 비밀조직에 속한 신자가 배교할 경우 조직의 비밀은 곧바로 누설되기 때문이다. 한편 관리들이 배교한 신자를 스파이로 이용한다면 선교사들 대부분은 쉽게 체포될 수도 있었다.

키베와 마쓰다 신부 역시 다른 잠복 사제들처럼 살얼음 위를 걷듯이 살았을 것이다. 당시 상황을 알려 주는 자료는 없다. 하지만 두 사람은 축축한 동굴 속에서 기아와 위험이 도사리고 있는 인내의 시간을 극복했으리라 여겨진다. 키베는 건장한 몸을 지녀 육체적으로 견디는 일은 수월했으나 믿고 있던 신자가 배교자로 변신하는 고통은 견딜 수 없었고 그 배교자의 밀고로 다른 신자가 체포되는 것을 알면서도 도울 수 없음이 더욱 견디기 힘든 고통이었다.

이렇게 1년이 지나고 2년이 지난 1632년 히데타다가 사망하고 히데타다 차남인 이에미쓰가 쇼군이 되었다. 그는 조부 이에야스가 내린 기리시탄 금교령에 복종하지 않은 선교사와 신자들이 각지에 존재하고 있음에 분노를 드러냈다. 그리곤 모든 기리시탄은 남김없이 체포하여 뿌리를 뽑으라는 명을 전국에 내렸다. 나가사키 부교 다케나카 시게요시는 엄명을 받자 오무라와 나가사키에 투옥돼 있던 신부와 신자들을 나가사키 니시자카 형장에서 화형 또는 참수형을 집행했다. 많은 신자와 신부들이 치솟는 불길과 연기 속에서 죽어갔다. 순교한 신부 중에는 이시다 안토니오 신부와 루방 섬에서 귀국한 이요 제로니모 신부도 있었다. 제로니모 신부는 1630년 키베와는 다른 방법으로 입국했지만 1632년 체포되었던 것이다. 키베는 선배와 동료가 화염 속에서 재로 사라져 가는 모습을 군중 속에서 남몰래 응시하였을 것이다. 그때 무슨 생각을 했을까? 곧 닥쳐올 자신의 최후를 생각하지 않았을까? 확실한 것은 늦거나 빠르거나 분명히 그날은 온다. 다만 언제 올지 모를 뿐이다. 그때까지는 숨어 살아 있어야 한다. 남아 있는 신자들을 돕기 위해 살아 있어야 한다. 우울한 일만 있었던 것은 아니다. 기쁜 일도 있었다. 1632년 그해 고니시 만쇼 신부가 중국 정크를 타고 5개월 항해 끝에 도착했다. 유카나가의 손자로 고니시 만쇼는 키베와 함께 마카오 추방 동료로 신부가 되려는 열망으로 고아까지 함께 갔던 동료다. 이후 고니시는 키베보다 늦게 로마로 가 예수회에 입회하여 사제가 되어 돌아온 것이다. 그도 순교를 위한 귀국이었다. 고니시는 항해의 고통으로 머리가 백발이 되었다고 한다.

1633년이야말로 나가사키의 잠복 사제와 신자들은 공포의 한 해였다. 막부는 3월에 부교 다케나카 시게요시를 파면시키고 두 부자가 함께 자결하라는 하명 사건이 있었다. 부교의 권력을 이용한 남용과 뇌물수수 혐의였다. 이후 나가사키 부교는 소가마다 자에몬과 이마무라 덴시로 두 사람이 직책을 맡았다. 새 부교들은 다케나카보다 더욱 철저히 신자

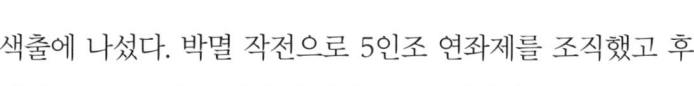

색출에 나섰다. 박멸 작전으로 5인조 연좌제를 조직했고 후미에(絵踏み)를 전 주민에게 실시하도록 명했다.

5인조 연좌제는 5가구를 한 단위로 묶어 서로 감시하며 고발케 하는 제도였다. 한 가구에서 기리시탄이 있거나 선교사와 관계하는 자가 나오면 다른 4가구도 똑같이 죗값을 치르게 하는 법이었다. 연좌제는 효과가 좋았다. 사제가 있는 장소를 밀고하여 체포되는 신부들이 많아졌다.

한편 매년 정월에는 후미에 행사를 했다. 후미에는 나가사키 전 주민을 절에 등록하게 하고 정월이 되면 예수의 그림(나중에는 동판을 사용)이나 성모 마리아의 그림을 밟는 방법이다. 그렇게 밟음으로써 자신이 기리시탄이 아니라는 것을 공적으로 증거하는 것이었다. 신자 색출 방법으로 대단히 효과적이었다. 신자들은 순박해서 '발만 살짝 올려도 울컥했고 숨소리가 거칠어졌다.' 그런 심리를 이용해 신자를 솎아낸 것이다. 적도 아군도 필사적이었다.

신임 부교의 이러한 심리전으로 잠복 사제들은 숨어 있을 장소를 잃어 갔다. 아직까지 자신의 편에 섰던 아군 신자들이 어느 날 변심할지 모른다는 불안감도 덮쳐 왔다. 가장 고통스러운 일은 신뢰하던 신자까지도 의심하게 된 사태다.

'1633년 일본에서는 수도회 성직자 34명과 기리시탄 16

후미에 현장 그림.

후미에로 사용된 성모상

명이 목숨을 잃었다.' 빠제스는 보고하고 있다. 34명 성직자 중 24명이 키베가 소속된 예수회 회원이었다. 운젠의 열탕고문을 고안한 다케나카 시게요시는 불승을 시켜 체포된 선교사들을 굴복시키려 노력했다. 응하지 않으면 고문을 가했고 그래도 굴하지 않으면 처형시켰다. 다케나카 시대의 고문은 운젠의 열탕고문이었으나 신임 두 부교는 '구멍 매달기' 란 새로운 방법을 고안해 냈다. 희생자를 장시간 지옥같이 괴로운 구멍에 거꾸로 매달아 두는 방법이었다. 먼저 밧줄로 몸을 여러 겹 감아 오물을 집어넣은 구멍에 거꾸로 달아 놓는다. 물론 물도 먹을 것도 주지 않는다. 역류한 피는 눈과 코와 입으로 흘러나오고 의식은 혼탁해진다. 나가사키에서 사용했던 이 고문 방법을 막부도 도입하여 이후 잠복 선교사들에게 최고의 쓰라린 시련을 주었다. 첫 희생자는 오우미 출신의 예수회 수사 후쿠나가 게이안이 4일 동안 매달린 후 절명하였다.

키베에게 있어 나가사키는 아리마처럼 추억의 장소다. 1600년 아리마 신학교가 나가사키로 잠시 이전해 있을 때 동생과 함께 입학했었다. 신학교에서 책상을 나란히 한 동료들과 친절하게 공부를 도와주던 선배들이 1623년 체포되었다. 라틴어와 종교학을 강의하던 은사들도 차례로 붙잡혀 갔다. 키베의 선배로 아리마에서 라틴어 교사였던 이요 주스토 수사는 고향 이요에서 잠복해 활동하다가 체포되어 나가사키로 끌려와 혹독한 심문 끝에 최후 구멍 매달기로 숨을 거두었다. 소년사절단의 한 명이던 나카우라 줄리안은 보조교사를 했었다. 그도 고쿠라에서 체포되어 나가사키로 호송되어 구멍 매달기 고문으로 생을 마쳤다. 줄리안은 구멍에 달리기 전에 큰 소리로 '내가 로마를 다녀온 나카우라 줄리안 신부다.'라는 최후의 말을 남기고 거꾸로 매달렸다고 전해 온다.

관리들은 모든 집을 낱낱이 수색했다. 쥐 잡듯 집요하게 뒤를 쫓았다. 어제 한 명, 오늘 한 명 매일 숨어 있을 만한 집은 무조건 뒤져 체포되는 이들은 신학교 은사와 동료들이다. 부교소에 끌려가면 이후의 소식은 끊겼다. 눈부신 순교의 장면도 볼 수 없다. 구멍 매달기 고문은 어두운 관리소 안에서 은밀히 행해졌기 때문이다. 몇 시간이고 계속되는 고문을 위로할 수 없고 누구도 함께할 수 없다. 부교소는 선교사들에게 고독하고 비참하게 죽음을 맞이하게 했다. 1633년 10월 잠복 선교사와 신자들에게 너무나 큰 충격적인 사건이 생겼다. 코로스 신부 후임인 예수회 관구장 페레이라 신부가 체포되고 구멍에 매달리게 된 것이다. 이날 함께 구멍에 매달리는 고문을 당한 이들은 앞에서 말한 나카우라 줄리안 신

부와 또 다른 3명의 신부 그리고 3명의 수사였다. 이들 모두 고통스러운 참형을 인내하며 오물 구멍 속에서 거꾸로 매달린 채 숨을 거두었다. 그러나 관구장 페레이라 신부만은 5시간을 매달리다 결국 배교하고 말았다. 관구장은 지도자 위치에 있는 자로서 일본 체류 23년, 추방령 이후에도 잠복 선교를 계속한 54세의 신부였다. 관구장의 배교 소식이 나가사키와 그 주변 사제들과 신자들에게 전해지자 모두 절망에 빠졌다. 이 일은 더없이 비참한 일로 나가사키의 주민들은 다시금 '아나즈리(穴吊り)' 고문의 가혹함을 알게 되었다. 신앙의 지주이던 페레이라 신부도 견디지 못한 구멍 매달기 고문. 키베는 자신도 언젠가 같은 고문을 당하리라 생각했다. 견딜 수 있다고 답할 수 없다. 그날이 언제 올지 모른다. 그러나 그날이 오고 있다는 사실은 두려웠을 것이다. 오로지 기도와 하느님의 도움을 청하는 일. 고문을 이길 수 있는 유일한 길은 기도밖에 없다.

페레이라 신부는 배교를 선언 후 구멍에서 끌어올려져 부교 관리소의 하수인이 되었다. 부교는 잔인했다. 그를 살아있는 송장이나 다름없이 만들었다. 배교한 선교사에게 당시 사형자 사와노라는 사람의 성을 주었고 그의 처자식을 떠맡겼다. 그래서 신부의 이름을 사와노 추안이라고 부르게 했다. 잠복 사제가 체포되면 취조 장소로 호출해 페레이라에게 통역을 맡기고 배교를 권하게 했다. 페레이라 신부는 예전의 동료와 제자들에게 굴욕적인 모습을 드러냈다. 신자들은 그를 예수를 배반한 유다처럼 생각했다. 그러나 이 시기 누구라도 유다의 가능성이 될 수 있던 시기였다. 선교사든 신자든 모든 이가 잔혹한 고문 앞에서 유다가 되지 않겠다고 누구나 장담할 수 없었다. 하느님은 침묵 중에 계셨다. 아니 침묵하고 계시는 듯 보였다….

암담했던 그해 키베의 가슴을 찢게 하는 또 다른 사건이 생겼다. 루방 섬에서 사쓰마에 함께 상륙했던 마쓰다 미게루 신부가 그해 10월 집주인에게 쫓겨났다. 갈 곳 없이 노숙으로 버티다 폭풍우 속에서 3일간 굶다가 길가에 쓰러져 숨을 거두었던 것이다.

이제 키베도 더 이상 나가사키에 잠복해 있을 수가 없게 되었다. 아마도 이 10월쯤 그도 나가사키 주인집에서 나와야 했을 것이다. 5인조 연좌제 때문에 신자들은 사제를 숨겨주고 싶어도 숨길 수 없는 상황이 된 것이다. 신부들도 집주인에게 더 이상 폐를 끼치고 싶지 않았을 것이다. 이런 이유로 키베도 마쓰다 미게루처럼 그해 나가사키를 떠나 행방을 감출 수밖에 없었던 것이다…….

11

체포되던 날

 도피는 살기 위한 행동이다. 추적자의 눈을 피해 생명이 안전한 곳으로 떠나는 일이다. 하지만 키베가 나가사키를 떠난 도피는 생명을 연장시키며 살아남기 위한 것은 아니었다. 언젠가는 체포될 것이고 고문받고 처형될 것이다. 그때까지의 시간은 많지 않다. 남아 있는 짧은 시간 동안 한 사람에게라도 위로와 용기를 줘야 한다. 그것이 잠복 사제의 사명이었기에 키베는 나가사키를 떠났던 것이다.

 1633년의 검거 열풍으로 나가사키에 잠복했던 예수회 사제들의 비밀조직은 문자 그대로 붕괴되었다. 추방령 이후 19년 동안 마음 졸이던 조직 잠복 사제들의 본거지 나가사키가 무너져 내린 것이다. 치명적인 사건은 조직의 지도자 페레이라 관구장의 배교는 키베같은 잠복 사제와 신자들에게는 치유될 수 없는 충격을 남겼고 박해자는 나가사키에서 승리를 거두었던 것이다.

나가사키 조직이 붕괴된 이상 키베는 사제로서 의무를 수행할 수 없게 되었다. 독자적 행동은 허락되지 않았다. 그럴 경우 위험의 가능성이 더 크고 다른 선교사에게 보이지 않는 폐를 끼칠 수 있었기 때문이다. 키베는 장상의 지시에 따라 동북 지방으로 떠나기로 했다. 그곳에는 아직 예수회의 비밀 조직이 면면히 맥을 이어가고 있었기 때문이다.

키베가 갔던 센다이 번의 영주는 다테 마사무네였다. 그는 여전히 관대한 종교 정책을 펼쳤기에 규슈 버금가는 기리시탄 온실이 되어 있었다. 마사무네는 동북 지역 영웅이 되려는 야망을 갖고 있어 자신의 영지를 해외무역으로 윤택하게 하고자 그리스도교를 묵인하는 정책을 펼쳤다. 세키가하라 전투 이후 이에야스와 히데타다는 기리시탄 탄압정책을 강행했으나 마사무네는 그러지 않았다. 그는 프란치스코회 소데로 신부를 센다이에 초대했고 선교를 묵인해 주었다. 한편 스페인의 뒤를 이어 등장한 멕시코와의 무역을 위해 하세쿠라 쓰네나가를 유럽에 대사로 파견하였다. 자연스레 에도에서 숨죽이고 있던 기리시탄들이 센다이로 모여들기 시작했다. 마사무네 중신 가운데는 고토 주안과 같은 열렬한 신자도 있었다. 그러나 유럽으로 갔던 하세쿠라 쓰네나가가 임무를 성취하지 못하고 허무하게 돌아온 1620년부터 종교정책에 변화가 생겼다. 선교가 가능하던 곳에 기리시탄 금교령을 내린 것이다. 선교사들은 다른 지방처럼 잠복해야 했고 신자들도 신앙을 포기하던지 당국의 눈을 속이며 몰래 신앙생활을 해야 했다.

이에미츠가 쇼군직을 이어받은 이후 센다이에서 탄압이 강화되었다. 오랫동안 선교하던 안젤리스 신부가 체포돼 에도에서 화형에 처해졌다. 기리시탄의 유력한 가신이었던 고토 주안의 영지였던 미와케를 중심으로 활발하게 선교활동을 계속하던 가르바리오 신부도 미와케 뒤쪽 오로시에의 눈 쌓인 산중에서 신자들과 숨어 있다 체포되었다.

가르바리오 신부는 동북 지방을 중심으로 에조[26] 지역까지 선교의 흔적을 남긴 유명한 선교사다. 가르바리오 신부와 신자들은 센다이로 이송되었고 이후 혹독한 추위 속에서

---

26 蝦夷 북해도 옛 명칭. (역주)

히로세 강에 침수시켜 동사하였다.

한편 선교사와 신자들의 보호자였던 고토 주안은 마사무네의 권유를 뿌리치고 봉토와 가신을 뒤로한 채 자취를 감추었다. 이런 탄압과 검거 중 키베가 나가사키를 탈주한 1633년에 2명의 예수회원과 프란치스코 회원 4명이 숨어 있었다. 외국인이 포함된 비밀조직이 살아남을 수 있었던 몇 가지 이유는 이렇다. 첫째는 동북지역에 미개척지가 많아 추적자의 눈을 피하기 쉬웠다는 점. 다른 하나는 북해도 지역에 살던 아이누족 혈통을 이어받은 일본인들이 외국 선교사와 얼굴 모양새가 비슷해 이 아이누족과 혼돈한 점. 또 이곳은 광산 지역으로 거주지가 확실치 않은 이들도 일할 수 있어 기리시탄들이 살기에는 더없이 좋은 장소였던 것이다.

베드로 키베가 어떤 노선을 따라 나가사키에서 센다이로 갔는지 정확히 모른다. 뱃길을 이용했다면 간토 지방을 거쳐 동북지역으로 갔을 것이다. 당시 박해를 피해 규슈의 신자들이 동북지역인 이 지역의 아시오 광산이나 사도 광산으로 많이 이주해 살고 있었다. 키베는 아마도 이곳 교우들의 도움을 받으며 동북지역으로 잠행했을 것으로 추측한다.

키베는 어째서 또 이런 고통스러운 가시밭길을 가야만 했을까? 그가 시도하는 일도 승리 없는 전쟁일 뿐이다. 센다이에 도착해도 나가사키와 같은 위험한 삶이 그를 기다리고 있다. 막부는 센다이에서도 철저하게 수색할 것이고 결국 체포되어 처형될 것도 분명했다.

그리스도교는 자살을 금하고 있다. 아무리 가혹한 고문을 당해도 키베는 스스로 목숨을 끊을 수 없다. 고독과 괴로움에 시달리고 어떤 추악한 일을 당할지라도 삶의 최후까지 견뎌내야 한다. 예수는 처형장으로 가면서 무거운 십자가를 끝까지 지고 갔다. 사제는 예수를 닮아야 하고 자신의 십자가를 버려서는 결코 안 된다. 키베는 승산 없는 싸움에 맞서기 위해 동북지역으로 왔다. 첫째는 고통받는 신자들과 아픔을 나누기 위해서고, 둘째는 아무 보상 없이 죽지만 그것이 그리스도교의 가르침이며 하느님에 대한 사랑임을 증거하기 위해서였다.

당시의 많은 일본인들은 기독교를 오해했다. 이방인의 땅을 유린하고 빼앗는 나쁜 종교로 인식하고 있었다. 그래서 키베는 기독교의 본질은 그렇지 않다는 것을 자신의 죽음으로 드러내고자 했다. 예수의 가르침과 기독교 국가의 행동은 상이하게 다름을 알리고 자신의 생을 걸고 그리스도교의 진실을 드러내고 싶었던 것이다. 그렇다. 그것이 일본인 신부의 사명이고 의무였다. 키베 자신의 이런 판단은 오랫동안 일본을 떠나 유럽 생활에서 얻은 결론이다. 그것은 또한 외국인 신부들도 일본 땅에서 죽음을 무릅쓰고 증명하려 했던 일로 자신들의 조국이 식민지 확보에 열광하여 그리스도교 박해가 일어났기 때문이다. 이런 사명감과 의지로 키베는 동북지역 센다이에 잠입했다. 센다이에는 여전히 신앙을 지키고 있는 4개의 마을이 있었다. 그들은 잠복하러 온 키베에게 행선지에 대한 정보를 주었다. 가장 많이 사는 교우촌은 기리시탄 무사 고토 주안의 영지 미즈사와였다. 다른 세 곳은 유럽에서 귀국한 하세쿠라 쓰네나가의 영토였던 구로카와의 일부, 또 이구의 힛뽀와 광산이 있는 오카고, 마고메의 마을들(현재의 도메이시[市])에도 신자들이 있다는 것을 알았다.

이렇게 형리의 눈에 잘 띄지 않는 산간벽지에 신자들이 있었는가 하면 센다이 성하마을에도 유력한 기리시탄들이 대담하게 살고 있었다. 키베는 어느 신자 집에 예수회 신부 두 명이 살고 있다는 정보를 입수했다. 그들은 가명을 사용하며 가끔 변장하여 거리를 활보하기도 했다. 한 사람은 아리마 신학교에서 알고 지냈던 이탈리아 출신 죠반니 밥치스타 뽀루로 신부고 또 한 신부는 추방령 때 함께 마카오로 피신했던 신학교 선배 마르티노 시키미 신부다. 예수회 신부 2명과 프란치스코회 신부 4명이 센다이에 잠복하고 있었던 것이다.

이렇게 여러 사정을 종합해 보면 센다이 번의 잠복 신부들은 미즈사와에 가까운 미와케 마을을 첫 번째 본거지로 삼은 듯하다. 이곳은 원래 마사무네의 가신 고토 주안(요한)의 영지였다. 그는 마사무네가 신앙을 포기할 것을 권하자 거부하고 안개처럼 자취를 감춰 버린 고토 주안의 옛 영지에 교우들이 여전히 살고 있었다. 표면은 배교한 자로 위장하고 내면은 여러 방법으로 신앙을 지키고 있었다. 이 교우촌은 가르바리오 신부가 11년 전에 체포된 장소이기도 하다. 고토 주안이 행방을 감추자 그의 영지는 후루이치이가 봉토로 받았다. 주안의 신하들은 아시가라 조[27]에 편입되어 신앙을 지켜왔다.

고토 주안의 영지 안에 살던 이들은 신앙의 대상으로 관음상을 만들었다. 관음상 한 부분에 성모 패나 하비에르 성인 메달을 감추고 기도했다는 기록이 쇼와(昭和 천황의 연호) 초기 발굴 조사에서 발견되기도 했다. 미즈사와, 미와케 마을은 박해가 있은 후에도 오랫동안 선교사들의 피난 장소가 되었던 것이다. 센다이에 도착한 키베는 곧장 미즈사와 마을과 미와케 마을로 가서 뽀루로 신부와 시키미 신부를 만났을 것이

---

27 평소는 농민이나 잡역을 하다 전시에 병졸이 되는 제도. (역주)

다. 뽀루로 신부는 키베가 신학교 입학한 4년 뒤 마카오에서 일본 선교사로 왔다. 신학교에서 일본어를 익힌 후 수사학(修辭學)을 가르쳤고 학생들에게 고해성사를 주던 사제였다. 키베에겐 잊을 수 없는 은사였다. 학자 뽀루로 신부는 건강한 체구에 학문에 열중하고 독서를 즐기는 온화한 성격의 소유자였다고 한다. 그의 외적인 온화한 모습도 있으나 그의 선교 열정은 대단해 1614년 금지령 이후 주로 윗지방에서 잠복 신자들을 조용히 돌봤다. 그 이후 추고쿠(中国)와 시고쿠(四国) 지방에서 선교하다 박해가 점점 심해지자 동북 지방으로 자리를 옮겼다.

28년 만에 만난 스승과 제자는 무슨 이야기를 나눴을까? 28년 전 키베는 18살 소년이었고 뽀루로 신부는 29세의 청년이었다. 재회의 날 키베는 47세였고 뽀루로 신부도 이미 노인의 모습이었다. 키베는 마카오 추방 이후 고난의 길을 걸으며 로마로 갔던 이야기를 했을 것이다. 뽀루로 신부도 기나긴 잠복 생활의 가혹했던 체험을 전해 줬을 것이다. 특히 오사카의 여름 전쟁에서 뽀루로 신부는 화염을 뚫고 필사의 탈출을 했었다. 아마 그 체험담도 들려주었을 것이다. 그렇게 과거의 일을 나누며 11년 전 미즈사와, 미와케에서 가르바리오 신부의 체포 사건도 뽀루로 신부는 틀림없이 전해 주었을 것이다. 가르바리오 신부는 1623년 성탄절을 마친 직후의 일이다. 이 미와케를 탐색하던 다테 번(藩)의 형리가 느닷없이 마을을 습격하였다.

가르바리오 신부는 당시 예수회 부관구장으로 이 미와케를 본거지로 동북 지방에서 잠복 선교 하였다. 신부는 2명의 신자와 미와케의 서북 28킬로 떨어진 오로시에의 깊은 산속으로 급히 피신했으나 형리는 극한의 추위 속에서도 눈 덮인 산속까지 발자국을 따라 잡목으로 엮은 움막 속에서 신부를 찾아냈던 것이다. 신부는 오로시에의 신자들에게 피해를 주지 않기 위해 나섰다. 신부와 신자 대표들은 센다이로 호송되었고 음력 2월 꽁꽁 얼어붙은 히로세 강에 장시간 침수시키는 고문으로 결국 가르바리오 신부는 순교하였다.

두 사람은 이 이야기를 하면서 가르바리오 신부와 같은 운명임을 직감했을 것이다. 체포와 죽음은 피할 수 없다. 그날은 올 것이다. 하지만 어떤 모습으로 덮쳐 올지 모른다. 미와케의 밤은 늘 두려웠을 것이다. 키베는 불시에 닥칠 급습 때문에 밤잠을 설치기도 했을 것이다. 그를 괴롭힌 것은 죽음 자체가 아니었다. 구멍 매달기 고문이었다. 그런 끔찍한 고문을 견뎌 낼 수 있을까 하는 상념이었다. 예수회 관구장 페레이라 신부도 이 고문에 굴복하고 배교하지 않았던가?

1634년에서 1635년 사이 신부들이 체포되지 않았다. 이 시기 막부의 금교령이야 그대로 있었으나 다테 마사무네 번에서는 기리시탄 수색에 적극성을 띠지 않았기 때문이다. 왜 그랬을까? 여러 추측이 가능하지만 분명한 것 중 하나는 마사무네가 여전히 무역으로 부유해지려는 미련 때문에 기리시탄 박해를 게을리했을 것으로 보는 견해다. 그렇더라도 키베와 신부들은 공공연하게 활동할 수 없었다. 박쥐같이 집안에 몸을 숨기고 있다 밤이 돼서야 마을로 이동해 미사와 유아세례를 주고 고백성사를 들으며 신자들과 함께 있었을 것이다. 키베의 잠복 생활에 대한 구체적인 자료는 없다. 아마 매일 그런 생활을 하며 지냈을 것은 추측으로 가능하다.

시간은 2년이 지났다. 1636년 다테 마사무네는 에도에서 세상을 떴다. 한때 그는 기리시탄 보호정책을 펼쳤지만 이후 탄압도 했다. 물론 적극적인 박해는 아니었다. 그가 죽자 둘째 아들 타다무네가 후계자가 되었다. 그 역시 탄압을 회피했고 심한 박해도 없어 잠복 사제와 신자들은 안도의 가슴을 쓸어내렸다. 그러나 돌풍은 언제 불어올지 예상이 불가하다.

마사무네 사망 1년 후 과연 예상치 못한 사건이 일어났다. 규슈 외곽 시마바라(島原)에서 일어난 농민의 난으로 도쿠가와 정권을 경악시켰다. 시마바라 봉기는 결코 기리시탄의 반란만은 아니었다. 사실 아마쿠사 관리 데라자와 학정에 맞선 농민과 어민들의 봉기였으나 그들 대부분이 기리시탄이었다. 그들은 자신들의 결속을 위해 십자가가 그려진 깃발을 들고 단결했다. 막부는 당연 기리시탄의 반란으로 규정했다. 막부 중신들은 이미 잇코잇키 같은 불교도의 민란을 두렵게 기억하고 있었으므로 또 다른 종교 반란이 일어난 것으로 판단하고 섬멸을 결의했다.

당시에 시마바라 해변에는 폐성으로 방치된 하라성(原城)이 있었는데 시마바라와 아마쿠사에서 모여든 농민들은 이 하라성에 집결하였다. 막부는 저항하던 이들에게 대포 공격을 반복하여 가했다. 식량 줄을 끊고 외부와의 접촉도 끊었다. 집결해 있던 이들은 막부 포위군이 쏘아 올린 총탄에 맞거나 찔려 죽였다. 남녀노소 3만여 명을 처참하게 섬멸시켰다.

하라성을 태우는 연기는 며칠이고 솟아올랐고 성안은 피바다가 되었다. 그 이후 막부는 전국적으로 철저한 기리시탄 탄압을 강화했다. 단 한 명의 기리시탄도 남아 있지 못하게 풀뿌리 캐내듯 완전히 근절시킬 것을 각 번에 하달하였다.

시마바라 난은 동북 지방의 잠복 선교사들과 기리시탄들

하라 성터 (시마바라 난의 배경지)

시마바라 성체 깃발

에게 지대한 영향을 끼친 대사건이었다. "종교를 바꾼 자나 이미 배교한 기리시탄일지라도 엄중하게 감시하라"는 막부의 명령을 전해 주었다. 호소카와는 "당신의 영지 안에 있는 기리시탄을 잘 살펴보시오"라는 편지를 적어 보냈다.

이 소식을 접한 타다무네는 자신의 영내에서 수색을 강화할 것을 다짐한다. 이후 센다이에도 느슨했던 탄압이 가속화되기 시작했다. 본격적인 기리시탄 수색을 위해 나가사키에서 효과를 본 5인조 연좌제를 1635년부터 채택하였다. 앞에서 적었듯이 5가구를 한 단위로 묶어 서로 감시하는 제도로 나중엔 5가구만 아니고 7~8가구를 한 단위로 묶기도 했다. 어느 한 가구라도 기리시탄과 연관 있을 때 나머지 4가구가 같은 죄로 처벌받게 하는 연좌제다. 시마바라 난이 진압되자 센다이 번은 5인조 연좌제를 더욱 철저히 수행하기 위해 절이나 신사에서 배포하는 수호 패를 착용하도록 했다. 패를 소지하지 않은 자는 행상인이나 부랑자로 여기고 즉시 체포한 뒤 문책에 들어갔다.

기리시탄을 고발하는 자에게 포상하는 포상제도도 도입했다. 또한 막부는 상대가 빠드레(신부)일 경우 금 10장, 이루만(수사) 금 5장, 신자 금 1장씩 추가해서 포상했다. 그리고 영

내 무사에게만 실시하던 슈몬아라타메(宗門改め)²⁸를 전 주민에게 시행했다. 상세한 호적 대장(人別帳)을 만들어 그것을 기초로 철저한 수색 작전을 펼쳤다. 마치 잡초 뿌리 캐내듯 철저한 기리시탄 근절 작전이다. 이 고시문은 다테 가문의 중신 쓰다 오우미, 모니와 스오우 이시다 다이젠의 이름으로 반포되었다. 기리시탄들이 신앙을 지키고 있는 미즈사와, 구로카와, 그리고 오카고, 마고메 마을에도 물론 전달되었다.

이제 베드로 키베와 동료들에게도 각오해야만 하는 때가 찾아왔다. 그들에겐 밤늦은 외출도 불가능하게 되었다. 막부가 실시하는 단카제도(檀那制度) 때문이었다. 절에 소속한 증서를 소지하지 않은 신부들은 가슴에 다는 종문증명서(宗門證明書) 패를 소지하지 않은 모습을 누군가 고발할 경우 즉시 의심의 대상이 된다. 강화된 5인조 연좌제는 이전과 비교할 수 없을 만큼 노출의 위험이 심했다. 누가 언제 고발할지 모르고 같은 신자라도 믿을 수 없게 되었다. 이런 상황에서 잠복 사제의 밀행은 더 이상 계속할 수 없었다. 성사를 주며 신자를 위로하는 일이 불가능해지자 키베는 최후의 보루였던 센다이를 떠나야만 했다. 이제 센다이도 1633년의 나가사키

---

28 모든 주민은 불교나 신사에 등록되고 해가 바뀌면 다시 확인해 기리시탄이 아님을 증명받게 하는 제도. (역주)

처럼 기리시탄들의 그림자도 비치지 않는 도시가 되고 말았다.

 이런 절망적인 상황에서 잠복 사제들은 고민하기 시작했다. 이대로 몸을 숨긴 채 때가 오기를 기다릴 것인가 아니면 탐색의 손이 닿지 않는 북해도로 탈출할 것인가? 신자들에게 피해를 주지 않으려면 자수해야 하는가? 지금이 그때일까? 막 50이 된 키베, 시키미 신부는 62세, 뽀루로 신부는 64세였지만 고된 생활 끝에 지쳐 병까지 얻었다. 센다이 번은 기리시탄 소탕 작전에 속도를 내고 있었다. 드디어 고발자가 나왔다. 고발자의 이름은 알려지지 않았다. 그는 꽤나 기리시탄 내부 사정에 정통한 사람이었다. 아마도 미즈사와 마을이나 미와케에 살고 있던 배교자 같다. 그는 자신의 이름이 밝혀지는 것이 두려웠는지 센다이 번에 직접 고발하지 않고 에도 부교소에 고발했다.

 고발자는 뽀루로 신부와 동료들이 숨어 있는 장소를 센다이에 사는 와타나베 요시우치란 사람이 잘 알고 있다고 고발했다. 와타나베 요시우치는 신심 깊은 신자였다. 그의 형 마고자에몬은 도슈쿠이며 아들 다로사쿠도 열렬한 신자였다는 것이 후에 조사에서 밝혀졌다.

 막부는 센다이 번에 이 고발 내용을 알렸다. 와타나베 요시우치는 즉시 체포되었고 고문을 받았다. 뽀루로 신부와 동료들이 있는 집을 밝히라는 것이었다. 그러나 자백하지 않자 와타나베를 에도로 보내 직접 취조하게 했다. 끈질긴 막부는 센다이에 거주하는 기리시탄 9명의 주소와 이름을 알게 되었다.

주도면밀한 취조 끝에 잠복 신부와 신자들의 비밀조직 한 덩어리가 여기서 무너졌다. 이 덩어리가 넘어졌으니 나머지는 고구마 줄기처럼 조직은 차례로 노출될 수밖에 없었다. 센다이 번은 덩실 춤을 추었고 숨어 있던 기리시탄들은 공포에 떨었다. 키베 신부와 다른 신부들도 최후까지 버티며 몸을 숨겼다. 하지만 체포는 시간문제다. 마지막 때는 즉시 온다.

키베는 자신의 삶이 예수의 생애를 닮는 것을 꿈꾸며 소명으로 여기며 살아왔다. 닥쳐오는 수난의 공포에서도 예수의 모습을 생각했을 테다. '피땀을 흘렸다'는 겟세마니 동산의 예수를 분명히 떠올렸을 것이고 "아버지의 뜻이 아니라면 이 고통의 잔을 제게서 거두어 주소서. 그러나 제 뜻대로 하지 마시고 아버지의 뜻대로 하소서."라는 기도를 올렸을 것이다.

돌이켜보면 이 순간을 위해 자신의 생애는 길고 긴 고통으로 엮여 왔었다. 그리고 이 순간은 일본을 떠나 마카오로 탈출할 때부터 정해진 운명이었다. 당시 일본 신자들과 인연을 끊은 것과 일본 잠복을 하지 않았던 것을 후회도 했었다. 하지만 신부가 되기 위해선 탈출하지 않을 수 없었다. 사제가 된 것은 죽기 위해서이고 귀국 또한 죽음을 맹세한 결과였다. 고난 속에서의 유럽 여행과 로마 유학은 키베의 목표가 아니었다. 죽기 위해 걸었던 투쟁의 길이었을 뿐이었다. 이제 무서운 것은 죽음이 아니라 '아나즈리'라는 고문이다. 그 '구멍 매달기'에 몇몇 신부들이 견뎌내지 못했다. 페레이라 신부와 다른 선교사도 못 견뎌 결국 배교했다. 절명의 순간까지 고문과의 사투에서 승리할 수 있을까? 그것은 예측할 수 없다. 고문 중 무의식에 단 한 번만이라도 배교란 말을 한다면 오늘까지의 모든 노력은 뿌리째 뽑힌다. 배교 후의 비참함은 자신의 장상이었던 페레이라 신부가 잘 증명해 준다. 부교소의 앞잡이로 이용당하는 삶, 그리스도교를 반대하는 강제저서를 적어야 하고 사형수 사와노의 이름까지 받아 매일 산송장처럼 살고 있는 것을 키베는 잘 알고 있다. 실제로 페레이라는 일본 기리시탄들에게 모욕과 비난의 대상이 되었다. 오랜 기간 일본에서 선교하며 잠복 사제로 온갖 노력을 다했지만 아무도 그를 인정하지 않고 오히려 고문을 못 견딘 배교자 신부로만 평가하려 했다. 키베는 차가운 현실을 보면서 어떤 고통 속에서도 고문에 굴복해서는 안 된다고 수없이 다짐했다.

※

1639년 봄에 베드로 키베는 센다이에서 체포되었다. 곧이어 시키미 신부도 체포되었다. 두 신부의 체포에 대한 구체적인 기록은 없다. 동시에 체포되었는지 아니면 따로 붙잡혔는지 알 수 없다. 병으로 쇠약해진 뽀루로 신부에 대한 기록은 다소 남아 있다. 이해 4월 1일 시로이시(현재의 시로이시 시)와 미야무라(현재의 쟈오쵸) 중간 산속 길에서 맹인 한 명이 센다이 번의 중신 가타쿠라 가게쓰나에게 체포되었다. 맹인은 키사이(喜斎)이다. 키사이가 뽀루로 신부의 거처를 알고 있다는 것을 형리가 알고 있었다.

키사이 체포 후 10일 후 뽀루로 신부가 돌연 자수하러 나왔다. 자수하는 신부를 맞은 사람은 다테 가문의 중신 이시모다 다이젠으로 그는 미와케의 유력한 기리시탄인 고토 주안과 친교를 갖은 인물이었다. 뽀루로 신부는 키사이가 체포된 것을 알고 더 이상 몸을 숨길 수 없다는 판단과 자신 때문에 키사이가 고문받을 것도 짐작하였기 때문이다. 그를 구하기 위해서라도 자수를 결심했을 것이다. 다이젠은 피로에 지치고 병색이 완연한 남만의 늙은 선교사에게 의사를 불러 먼저 치료를 받게 한 후 어떤 조치를 취해야 할지 에도 막부에 문의했다.

이렇게 해서 아리마 신학교 스승 뽀루로 신부도 그 제자도 최후의 시간을 맞이하게 되었다. 이제 마지막 시간… 지금까지 생애 중에서 가장 괴로운 시간이 기다리고 있다. 심문과 추궁이 계속되며 설득과 감언으로 배교를 종용할 것이다. 그것을 이길 수 있을까? 그것을 이겼다 해도 다음은 저 '구멍 매달기' 고문을 받아야만 한다. 오물을 쑤셔넣은 구덩이 안에 거꾸로 매달려 있어야 한다. 몇 시간이고 방치한다. 말로 표현할 수 없는 고통과 죽는 순간까지 싸워야 한다. 죽음 외에는 고문에서 벗어날 길이 없다.

체포된 3명의 신부들이 '구멍 매달기' 고통을 얼마만큼 견딜 수 있을지? 60세를 넘긴 뽀루로 신부와 시키미 신부는 쇠약해진 몸이라 죽음이 빨리 찾아와 주길 원했을 것이나 건강한 체구의 키베 신부는 더 오랫동안 구멍 안에서 살아 있을 거라고 생각했다. 두 신부보다 더 긴 시간을 고통과 싸워야만 한다. 센다이 번은 막부와 의논한 결과 세 명의 예수회 신부를 에도로 보내기로 했다. 그곳에서 취조받도록 한 것이다. 그만큼 잠복 신부들은 국가적으로 비중 있는 죄인이었다. 따라서 막부의 가쿠로우(閣老)들이 직접 심문하기로 했다.

센다이에서 에도에 도착한 것은 뜨거운 초여름. 뜨거운 초여름에 덴마쵸(伝馬町) 감옥에 수감되었다. 곧이어 세 신부의 심문이 효죠쇼[29]에서 시작되었다. 그런데 취조장에서 세 신부는 놀라운 광경을 목격하였다. 효죠쇼 관리들이 앉아 있는 말단 좌석에 일본인 복장을 한 외국인 남자가 앉아 있었다. 머리와 복장 모양새는 일본인처럼 보이나 분명 서양인이었다. 잊으려 해도 잊을 수 없는 그 이름 페레이라 신부였다. 세 신부에게 페레이라는 자신들의 수도회 장상이며 일본 체류 20년이 넘도록 왕성한 활동을 펼쳤던 누구보다 열성을 다한 유능한 선교사였다. 6년 전 나가사키에서 체포되어 구멍 매달기 고문으로 배교했던 페레이라 신부가 바로 그 자리에 앉아 있는 것을 보게 되었다. 그 순간 세 신부가 받은 충격은 어땠을까? 자신의 동료들에게 굴욕적인 모습을 보여줘야만 했던 페레이라의 고통 또한 어떠했으랴? 양쪽 모두 숨이 멈췄다. 그리고 숨소리가 거칠어졌다. 다음은 조용히 눈을 돌렸다. 서로가 시선을 마주치지 않도록……

---

29 評定所: 에도 막부시대의 최고 재판기관. (역주)

막부가 배교한 빠드레(신부)를 동료이자 후배들 앞에 세운 것은 통역 때문이 아니었다. 자신들의 심문이 옳다는 것을 페레이라를 등장시켜 압박하고 싶었다. 페레이라 신부의 슬픔을 생각하면 가슴이 아프다. 당시 그의 이름은 사와노 추안이었다. 사형수 이름을 페레이라 신부에게 줬던 것이다. 페레이라는 세 신부에게 무슨 말을 했는지 알 수 없으나 빠제스의 기록에 의하면 베드로 키베가 페레이라에게 맹렬한 비난을 퍼부었다고 한다. 비난은 아마 이 세 신부에게 배교를 권했기 때문이다. 페레이라는 머리를 숙인 채 띄엄띄엄 얼버무리며 일본선교의 무의미함을 중얼거리고 더 이상 신자들을 괴롭히지 말고 개종하라고 재촉하는 페레이라에게 분노하여 반박한 것이다. 어쩌면 자신을 위로하기 위한 반박이다. 진정한 그리스도교는 유럽의 식민주의와 무관하다. 키베 자신이 일본인 신부로서 알리기 위함이고 박해 중에 신자들과 맺은 끈끈한 연대야말로 신부의 사명임을 역설하는 반박이었다. 이렇게 신문은 실패로 끝났다.

"효죠쇼에서 네 차례 신문이 있었으나 절대 응하지 않았다."라고 일본 측 자료에 기록되었다. 어떤 배교의 권고에도 세 신부는 흔들리지 않았다. 이례적인 일은 취조 장소에 쇼

이에미츠의 심문 (이에미츠 심문을 받는 키베)

군 이에미쓰[30]가 참석했다는 것이었다. 이에미쓰는 고관 사카이 사누키의 저택으로 세 신부를 불러 직접 심문하였다. 그 자리에는 정치고문 타구안, 야규 다지마도 참석하여 '슈몬 아라타메'에 대하여 질문했다.

3일 후 세 신부에 대한 심문 권한은 오직 오메츠케(大目付)인 이노우에 치쿠고에게만 일임하였다. 도쿠가와 이에미츠는 막부의 수장이다. 그런 그가 직접 신문한 것을 보면 기리시탄 근절을 국정의 중요한 과제로 삼고 있었음을 알 수 있다.

---

30 德川家光: 에도막부의 3대 쇼군. 1623-1651. 그리스도교 금지강화와 쇄국정책을 실시했다. (역주)

고히나다. 덴마쵸

　이노우에 치쿠고는 종교부교 뿐 아니라 노련한 막부 관료로 훗날 외무대신 같은 역할을 한 사람으로 한때 기리시탄이었다는 설도 있다. 실제로 그는 그리스도교적인 논리로 설득하려고도 했다. 논리가 통하지 않으면 다음은 가혹한 고문을 시도했다. 그는 후임을 위해 '기리시탄기(契利斯督記)'를 서술한 기록에 의하면 실제로 능란하게 사람을 다룰 뿐만 아니라 기리시탄에 대한 심리묘사가 뛰어났다는 평가를 받는다.

　이노우에는 열흘 동안 세 신부를 취조했다. 하지만 어떤 설득과 위협도 세 신부의 마음을 바꾸지 못했다. 물론 신자들의 거처와 이름도 자백하지 않았다. 결국 이노우에도 개인적으로는 내키지 않았지만 이 세 신부에게 '아나즈리' 고문을 결심했다. 고문이 선포될 때 키베는 올 것이 왔다고 생각했다. 견딜 수 있을지 어쩔지 아직 모른다. 그러나 죽음이 자신을 해방시켜 줄 때까지 인내해야 한다는 것만은 확실하게 알았다…….

12

다 이루었다

베드로 키베와 두 사제는 종교부교 이노우에의 끊임없는 심문과 배교를 강요당했지만 그들의 신앙을 꺾을 수는 없었다. 마침내 세 신부에게 '구멍 매달기' 고문이 선고되었다……

당시 상황을 알 수 있는 기록은 없다. 상상으로 가능할 뿐이나 고문의 고통을 짐작할 수 있는 귀중한 보고서가 하나 있다. 그 보고서는 키베가 1639년 재판받았던 4년 뒤 에도의 효죠쇼에서 오란다(네델란드) 선원들의 체험기록이다. 이들은 두 척의 배로 일본 해안에 밀항하다 체포되어 에도로 옮겨 와서 신문을 받았다. 그들은 먼저 이노우에의 시모야시키(下屋敷; 현재 도쿄 분쿄구의 고히나타 정)에 연행되고, 그때 마침 거기서 4명의 예수회 선교사들이 이노우에와 나가사키 부교의 심문을 받고 있는 모습을 보게 됐다. 물론 이 선교사들은 키베와 뽀루로 신부는 아니다. 이 선교사들은 1639년 규슈의 후쿠오카 근해에 잠입하려다 실패하다 체포된 이탈리아 출신 캬라 신부와 그 일행이다. 이때 오란다 사람들은 이 신부들에게 일본인 옷을 입히고 손에는 쇠 수갑을 채우고 다리에도 사슬이 감겨 있는 광경을 목격했다. 네덜란드 선원들은 수일 후 두 번째 신문을 받았다. 오란다 선원들은 효죠쇼에서 선교사들의 신문 상황을 이렇게 묘사하였다.

> 도시 가까이에 정원이 있다. 네덜란드와 비슷한 크고 작은 마을과 같았다. 여기를 지나 길을 몇 번 건너면 어두운 감옥이 있는 곳이 나왔다. 격자 앞에 네 명의 예수회 신부와 일본인 신자들이 있었다. 거기서 중정으로 들어가니 몇 개의 구멍과 물통이 놓여 있었다. 많은 사람들이 무리 지어 앉아 있었고 모래 자갈이 깔린 입구엔 여러 명의 형리와 부하들, 집행인들이 오가고 있었다. 우리는 명령을 기다리며 있었는데 조금 있으니 형리들이 예수회 신부와 일본인 신자들을 옥에서 데리고 와 판사 앞에 세웠다. 그날 하루를 그렇게 지냈다.

아마도 키베와 두 신부가 이노우에에게 신문받을 때도 이와 똑같은 상황이었을 것이다. 키베도 뽀루로 신부도 시키미 신부도 동물처럼 줄줄이 묶여 수갑을 차고 이노우에 앞으로 끌려 나갔을 것이 분명하다. 이노우에는 유능한 취조관이다. 취조받는 이의 심리를 꿰뚫어 보는 예리한 눈을 갖고 있는 관찰자다. 때로는 위로하고 때로는 동정을 표하면서 공포심을 불어넣기도 했다. 조였다 풀었다 능란한 솜씨로 수인을 신문하였다. 이노우에는 구멍 매달기 고문을 원치 않았으나 여러 방법을 동원한 설득 끝에도 효과가 없을 때면 최후의 수단으로 저 혐오의 구멍 매달기 고문을 가했다고 앞에서도 적었다.

키베가 구멍 매달기 선고를 받았을 때 그 순간 무엇을 생각했을까? 추측하기는 어렵지 않다. 당시 박해 시대의 선교사들은 신자들에게 고문당할 때는 예수 그리스도의 수난을 기억하라고 평소 가르쳤다. 키베 역시 무거운 십자가를 메고 처형장까지 걸어갔던 예수의 모습. 십자가 위에서 사지에 못 박힌 예수의 고통과 십자가에 달린 채 죽음을 기다리던 예수의 심정을 떠올렸을 것이다. 평생 지켜온 신앙으로 자신의 죽음을 예수의 죽음과 일치시키려 했을 것이다. 구멍 매달기 고통은 잔혹하고 무섭다. 키베는 잠복해 있는 동안 수없이 그 생각을 반복하여 곱씹었을 것이다. 죽기보다 더 처참한 고통을 어디까지 견뎌낼 수 있을까? 그는 매일 공포의 밤을 지냈을 것이다. 매달릴 때 구멍 속의 악취, 혈액의 역류, 두통이 시작되고 가물가물한 의식도 조금씩 흐려질 것이다. 구멍 위에서는 배교를 종용하는 달콤한 유혹의 말이 들려올 것이다. 그 유혹에 한마디라도 응한다면 고통은 끝난다. 하지만 그 응답 한마디로 영예롭던 유럽에서의 생활도, 파란만장한 고난 끝에 얻은 사제직도 소멸되어 버리고 만다. 그리고 평생을 고문에 넘어간 배교자 신부라는 오명과 함께 살아야 한다.

그것만이 아니다. 그 순간 그는 일본의 박해받는 신자 모두를 버리는 것이 된다. 키베가 배교한 사실이 착한 신자들에게 알려졌을 때 얼마나 큰 충격을 받고 낙담할까? 배교는 나가사키에서 페레이라 신부 사건만으로 충분하다. 절대 넘어가선 안 된다. 달콤한 유혹에 걸려들지 말아야 한다. 하지만 구멍 매달기 고통에서 얼마만큼 인내할 수 있을지 키베도 자기 자신을 전혀 가늠할 수 없다.

박해자들은 선교사를 유럽 침략주의 앞잡이로 여긴다. 그러나 키베는 일본인 신부로서 자신의 몸을 바쳐 예수의 가르침과 그리스도교 국가가 저지른 과오와 전혀 무관하다는 걸 증명하고 싶다. 이 사실을 동포에게 알려야 하는 일이 지금까지 지녀온 진실이고 사명감이다. 끔찍한 고문과 비참한 죽음의 길이 유럽의 기독교 국가와 교회를 위해서가 아니다. 오직 예수의 복음을 그대로 실천에 옮기려는 것뿐이다. 키베는 이것을 일본인들에게 증명해 보이겠다고 다짐해 왔다.

돌아보면 추방부터 지금까지의 세월은 참으로 길었다. 그 동안의 삶은 '죽음 준비'였다. 긴 방랑의 시간도 유럽 유학도 모두 키베에게는 죽음을 위한 준비였다. 인생의 절반 이상을 '죽음' 준비를 위해 소진했다. 그는 죽음을 위해 삶의 모든 고달픔을 견디며 오늘까지 왔다. 그리고 지금 그 죽음의 순간을 직면하고 있다….

뽀루로 신부와 시키미 신부도 함께 고문 장소로 끌려간 날, 고문받는 사람은 세 신부만이 아니었다. 여러 명의 신자와 선교사를 은닉시킨 센다이의 도슈쿠 와타나베 키치나이 동료들이다. 이노우에 보고서 '기리시탄기'에 의하면 키베와 도슈쿠 2명을 같은 구멍에 넣었다. 옆 구멍에는 뽀루로 신부와 시키미 신부를 매달았다.

구멍 매달기는 수인의 몸을 밧줄에 단단히 묶어 오물이 가득 찬 구멍에 거꾸로 매달아 두는 고문이라는 것은 앞에서 적었던 그대로다. 죽이는 것이 목적은 아니다. 가능한 오랜 고통을 통해 배교할 마음이 생기도록 유도하는 심리전이다. 그러기 위해 혈액이 한꺼번에 머리로 몰려 즉사하는 걸 막으려고 관자놀이를 절개하여 그 상처에서 방울방울 피가 떨어지도록 하여 목숨을 이어놓는 방법이다. 매일 아주 작은 양의 음식을 주기도 했다.

지금 세 신부는 거꾸로 매달려 있다. 매달린 구멍 위에는 감시인이 지키고 있다. 죽는 것은 아닌지 또는 배교한다는 말이나 몸짓으로 표시하는지 살피기 위해서다. 어설프게라도 배교 같은 말이나 행동을 하면 즉시 '고론다!(ころんだ! 넘어갔다.)' 하고 외친다. 즉시 오물 구멍에서 수인을 끌어올리기 위해서다. 처음에는 모두 최선을 다해 견딘다. 기도하며 서로를 위로한다. 말로 표현할 수 없는 고통의 극치에 다다른다. 신음 소리가 구멍 안에서 들린다. 감시인들은 서로 교대하나 수인들은 그대로 방치한다. 드디어 가느다란 목소리도 띄엄띄엄 끊겨 간다. 이때 수인들은 어서 빨리 죽기만을 원한다. 오직 죽음만 신앙을 지킬 수 있다. 생지옥의 이 고통에서 해방되는 길은 죽음뿐이다. 하지만 혀를 끊고 죽으면 자살 행위로 그리스도교에서는 금지하고 있는 죄악이다. 점점 1초가 1시간처럼 길게 느껴지고 한 시간이 하루보다 더 길게 느껴진다. 그러다 시간 감각도 없어진다. 역류한 피는 절

개한 관자놀이 상처에서 조금씩 핏방울이 흘러내리고 눈 코 입에서도 뚝뚝 떨어진다. 처음엔 예수의 최후 고난을 생각하며 참아 내지만 곧 그 생각조차 없어지게 된다. 기도도 가슴에서 나오지 않는다. 하느님은 어찌하여 이런 고통을 허락하시는지, 무엇 때문에, 왜? 혼탁한 의식 속에서 무서운 의혹만이 더 크게 소리 없이 교착한다. 주님 용서하소서. 더 이상 견딜 수 없습니다. 주님 어서 죽게 해 주십시오. 그렇지 않으면 이 고문에 넘어가고 맙니다.

이것은 신념이나 신앙의 문제가 아니다. 온몸은 격렬한 고통의 뭉치가 되어 온 전신을 휘감아 눈 코 입으로 피가 뿜어 나오고 숨조차 쉴 수 없는 극한 상태에선 그 어떤 강한 의지도 견딜 수 없다. 이토록 비참한 고통을 맛보지 않은 자는 거꾸로 매달린 고문에 넘어간 자를 비난할 자격이 없다. 길고 긴 고투가 계속되고 고투는 영원한 지옥과 같다. 몇 개의 구멍에서 쥐어짜는 신음소리가 올라왔다. 그러더니 드디어 넘어간 자가 나왔다. 키베 옆 구멍에 달려 있던 시키미 신부다. 그는 배교 의사를 머리 위의 형리에게 알렸다. 피투성이 얼굴이 구멍에서 끌어올려졌다. 뽀루로 신부도 배교한다는 동작을 표시했다. 60세를 넘긴 두 사람은 더 이상 견딜 수가 없게 되었던 것이다.

이 순간, 미와케에서 고난을 함께했던 세 명의 잠복 신부의 연대는 끊어졌다. 은사도 선배도 지금 등을 돌렸다. 키베와 약속했던 순교의 맹세가 덧없이 깨져 버린 것이다. 이 순간이야말로 구멍 속에 달려 있던 키베에겐 이보다 더 큰 충격은 없다. 믿었던 은사와 선배로부터 버림받았다. 버려졌다. 육체적 고통은 더해 오고 절망까지 마셔야 했다. 머리 위에서 형리들은 뽀루로 신부와 시키미 신부는 넘어갔다. 너는 왜 의미 없는 고통만 계속 핥고 있느냐? 달콤하고 다정하게 유혹한다. 이 유혹의 외침은 그의 마음을 뒤흔들고 키베 또한 도움받고 싶다는 욕망이 그의 가슴에 치솟았을 것이다. 전혀 이상한 일이 아니다.

그러나 베드로 키베는 유혹을 이겨냈다. 어떤 힘으로 무엇이 그렇게 했을까? 세계를 답파했던 건장한 체력, 바다와 아라비아 사막을 횡단해 유럽까지 간 힘이었을까? 그것만은 아니다.

예수의 죽음과 자신의 죽음을 일치시키고자 부단히 노력했던 그는 이때 믿었던 제자들에게 배반당하고 버려졌던 예수의 참혹함과 고독을 곱씹었을 것이다. 홀로 죽음을 향한 예수의 존재를 키베는 자신의 고통 속에서 만났을 것이다.

뽀루로 신부와 시키미 신부가 배교한 사실을 알게 된 도슈쿠들이 흔들렸다. 그들이 받았던 충격은 엄청 컸다. 이것을 직감한 키베는 온 기력을 다해 쥐어짜는 목소리로 같은 구멍 안의 두 명의 도슈쿠들을 위로했다라고 이노우에는 보고서에 기록하고 있다. 예수도 골고타 언덕에서 두 명의 죄인과 함께 십자가에

고덴마쵸의 키베 처형 장소

달렸을 때 그들을 위로했다. 예수는 천국을 그들에게 약속했다. 베드로 키베도 두 명의 도슈쿠에게 예수의 말로 위로했을 것이다. "너는 오늘 나와 함께 낙원에 있을 것이다." (루카 23, 43) 도슈쿠를 위로하는 키베를 보자 그를 죽이기로 했다. 온몸이 피범벅으로 만신창이가 된 그를 고문 구멍에서 끌어올렸다.

『히라도 오란다 상관일기(オランダ商館日記)』에 그의 처참한 살해 상황이 다음과 같이 적혀 있다. "그의 알몸 위에 놓여진 작은 마른 장작에 불이 천천히 붙었다. 얼마 후 그의 내장이 거의 노출되어……"

구멍 매달기 후 화형 고문을 하면서도 형리는 잔인하게 배교를 계속 강요했다. 그러자 키베는 이렇게 대답했다고 한다. "당신은 나의 그리스도교를 이해하지 못한다. 그러니 내가 어떤 말을 해도 안 된다."라고. 마침내 베드로 키베는 죽었다.

키베는 죽음 저편으로 갔다. 1600년 전 키베가 믿었던 예수가 골고타 언덕에서 십자가에 달려 '다 이루었다'고 외치며 숨을 거두었듯이. 키베의 죽음도 그랬다.

"나의 임무를 다 이루었습니다. 이제 모든 것을 주님 손에 맡깁니다."라고 기도하며 자신의 죽음을 예수의 죽음과 일치시켰다.

베드로 키베는 삶을 마무리했다. 이렇게 하여 베드로 키베의 파란만장한 극은 막을 내렸다. 화형이 끝난 뒤 고문받았던 그의 시신은 어떻게 처리했는지 알 수 없다. 아마도 소각해 재로 만든 후 버렸을 것이다. 키베와 함께 같은 구멍에 매달렸던 도슈쿠 2명은 이 직후 견디지 못한 채 바로 넘어갔다. 키베가 죽음을 걸고 위로했던 일은 물거품이 되고 말았다.

※

 이미 배교를 선언했던 뽀루로 신부와 시키미 신부는 이노우에의 시모야시키를 개조한 감옥으로 이송되었다. 다시 그곳에서 힐문과 추궁을 받았다. 고문받기 전에는 그렇게 강하게 배교를 거부했던 두 신부는 배교한 절망감에서 헤어 나오지 못하고 기력을 잃었다.

 그들은 질문받는 대로 대답했다. 예전부터 자신들이 키워 온 어린 양들… 자신들을 지켜 준 도슈쿠의 이름을 순순히 자백했다. 뽀루로 신부는 자신의 신변을 돌보던 도스케, 요스케라는 집주인의 이름을 비롯하여 몇 명의 신자 이름을 알려 주었다. 그 가운데는 유럽 사절로 다녀왔던 하세쿠라 쓰네나가의 아들 쓰네요리도 포함되어 있었다. 쓰네요리는 할복을 명령받았다. 시키미 신부도 기리시탄 무사 몇몇의 이름을 자백했다. 한 사람이 체포되면 그가 또 다른 사람의 이름을 자백하는 악순환의 고리가 계속되었다.

 이렇게 고구마 줄기같은 센다이의 기리시탄 조직은 뿌리째 뽑혔다. 뽀루로 신부와 시키미 신부는 유다처럼 자기 제자들을 하나씩 팔아넘겼다. 한 사람을 팔 때마다 양심의 가책은 가슴을 도려내는 아픔이고, 그 아픔을 얼버무려 또 다

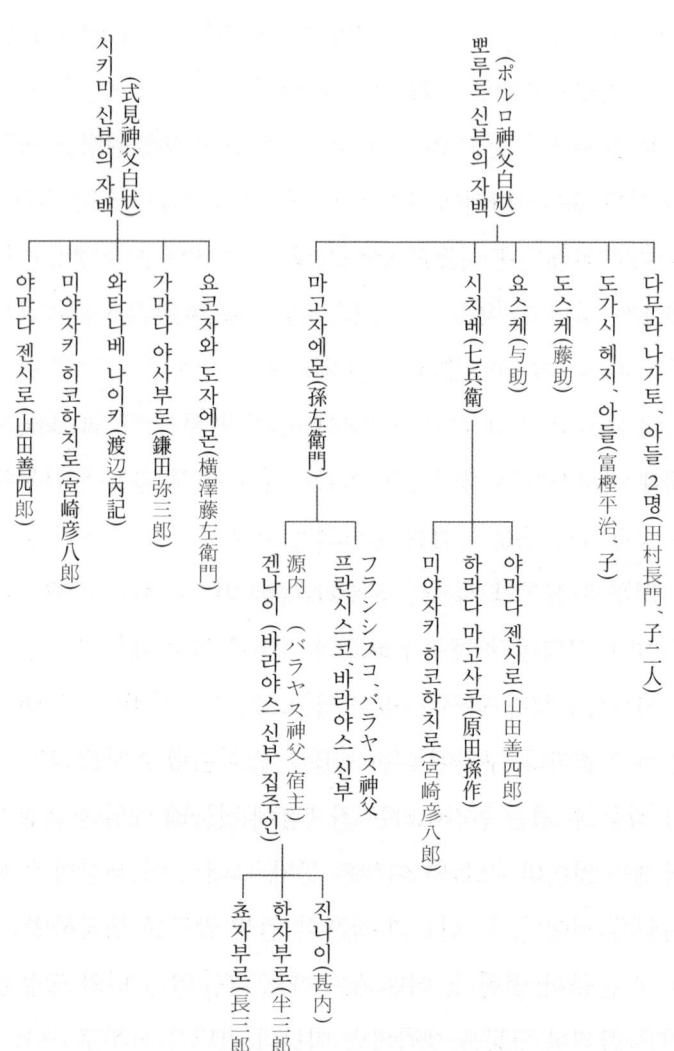

뽀루로 신부와 시키미 신부의 자백 관련 도표 (『이야기 현사』에서)

른 사람을 팔았다. 배교란 쓰라림을 달래기 위해 제자와 동료를 공범자로 만들지 않으면 안 되었다.

이후 두 신부는 기리시탄 감옥에 투옥되어 양심의 가책으로 시름시름 앓다가 몇 년 뒤 숨을 거두었다. 앞서 적었듯이 기리시탄 감옥은 이노우에의 또 다른 저택인 시모야시키를 개조한 것이다. 이후 이곳 기리시탄 감옥에는 몇 명의 신부들이 투옥되었다. 일본선교를 위해 밀입국을 시도하다 체포되어 배교한 카라 신부 일행과 아라이 하쿠세키(新井白石) 시대에 야쿠시마로 잠입하다 체포된 시토치 신부가 이 감옥에 유폐된 채 일생을 마감한 장소다.

뽀루로 신부와 시키미 신부가 불과 몇 년 뒤에 사망한 일은 비록 고령이긴 했으나 배교의 가책과 절망 때문이었을 것이다. 감옥 생활 역시 구멍 매달기 고문의 형벌만큼 고통스러웠을 것이다. 구원에 대한 희망도 잃어버렸고 하느님의 벌을 피할 수 없는 인간이라는 죄책감에 짓눌려 매일을 괴롭게 살았을 것이다. 그들의 여생은 문자 그대로 이 세상이 지옥이었을 것이다. 두 신부의 참혹한 인생 말로를 생각하면 내 눈에 눈물이 맺힌다. 어떤 누구라도 그들의 고뇌와 그들이 받은 끔찍한 고문을 생각하면 비난과 판단을 함부로 해서는 안 된다. 두 신부 역시 키베와 같이 자비하신 하느님 손안에

기리시탄 야시키

맡겨졌을 것이라고 나는 믿고 싶다.

어느 가을날 오후 아리마의 작은 마을을 걸었다. 등뒤의 언덕에는 예전의 아리마 영주가 살던 히노에 성(日野江城)터가 남아 있고 멀리서 닭 우는 소리가 들린다. 아리마 신학교도 이곳에 있었다. 그 산등성이를 오르니 덩굴 열매가 붉게 물들어 있다. 잡초와 관목 사이에선 벌레들이 듣기 좋은 소리를 내고 있는데 사람 그림자조차 보이지 않는다. 허물어진 옛 성터의 돌담엔 이끼가 하얗게 덮여 있고 그 옆에는 작은 채소밭이 있다.

예전에 신학교가 있던 장소에 섰다. 멀리 아리아케 바다가 보인다. 비늘처럼 반짝이는 저 바닷물은 신학교가 들어섰던 16세기 말경엔 마을 옆까지 들어왔었다. 물이 차올라 만조 때가 되면 진흙 늪으로 바뀌던 해변이었으나 지금은 매립해서 말끔한 전답으로 바뀌었다.

아리아케 바다를 바라보다 등을 돌리니 우뚝 솟은 운젠산이 보인다. 운젠 활화산은 예전과 다름없이 오늘도 조용히 흰 연기를 토해 내고 있다. 신학교 학생들과 선교사들도 저 운젠산을 바라보며 일상을 여기서 지냈으리라.

가을 풀숲에 앉았다. 여기서 공부하던 소년들의 운명을 생각해 본다. 소년 사절이었던 이토 만쇼 신부는 박해가 시작

하라 성 인근의 아리아케 바다

될 무렵인 1612년 나가사키에서 사제의 생을 마감했다. 참으로 다행스러운 일이다. 소년사절단의 일원인 나카우라 줄리안은 잠복 선교사로 20년간 규슈에서 활동하다 고쿠라에서 체포되어 1633년 나가사키에서 구멍 매달기 형으로 순교했다. 그는 마지막 순간 "내가 로마를 다녀온 나카우라 줄리안 신부다."라고 큰 목소리로 당당하게 신분을 외쳤다. 같은 해 같은 장소에서 키베의 선배인 라틴어 조교를 하던 이요 출신 주스토 신부도 구멍 매달기 형으로 순교했다. 그렇다. 많은 이들이 순교했다. 또 키베 신부의 후배로 1608년경 신학교 학생이던 토마스 오치아이 신부도 에도에서 활동하다 밀고자의 고발로 체포되었다. 그는 물고문과 바늘 고문(손톱 밑에 가느다란 철사를 넣는 고문) 후 나가사키 니시자카에서 두 차례나 구멍 매달기 형을 받고 마침내 순교하였다. 앞서 기록했듯이 그는 대담한 신부였다. 잠복 비밀조직을 이끌기 위해 행정 부교소의 마부로 들어가 그곳의 정보를 신자들에게 알리던 신출귀몰한 신부였으나 밀고자에 의해 형리에게 체포되었다. 그의 시신에 돌을 매달아 나가사키 바다에다 버렸다.

졸업생 중에는 다른 형태로 순교한 몇 명이 있다. 키베보다 7년 앞서 신학교에 들어갔던 이시다 안토니오 신부는 운젠에서 뜨거운 열탕 고문 후 나가사키 니시자카에서 화형에 처해졌고, 신학교 첫 입학생 기무라 세바스챤 신부도 나가사키 외곽도시 오무라에서 화형당했다.

그 죽음의 상황이 분명치 않으나 확실히 순교했다고 생각되는 신부는 고시니 유키나가의 손자인 고니시 만쇼다. 그는 키베와 함께 마카오 추방자 일행으로 유럽에서 공부한 엘리트였다. 박해 중에 은둔 장소를 찾지 못해 배회하다 길에서 쓰러져 숨진 마쓰다 미케루 신부. 일본으로 귀국하던 중 배의 난파로 조난된 루이스 니아바라 신부도 있다. 그의 일본 이름은 알 수 없다. 이 밖에도 해외에서 선교하다 생을 마감한 졸업생도 있다.

이렇듯 아리마 신학교 졸업생 중에는 많은 순교자가 있다. 순교한 졸업생들의 얼굴은 자랑스럽고 영광스러운 일이며 아름답게 빛난다. 순교자들은 로마 교황으로부터 거룩한 복자의 칭호를 받아 오늘날 일본 신자들은 순교 복자들을 칭송하며 전구를 청하고 있다. 그런가 하면 영광에 빛나는 졸업생들의 그늘에 가려 고개 들지 못하는 졸업생과 교사들이 있다. 그들은 어쩔 수 없는 사정이나 회유와 고문으로 신념을 관철시키지 못한 이들이다. 그들은 일본 기리시탄 역사의 그늘 속에서 생애의 기록조차 없다. 아예 제외시키고 덮어 두었다.

그들도 똑같이 투쟁하며 고통스러운 삶을 살았다. 그러던 어느 날 신앙을 떠나버렸다. 아리마 신학교의 이 배교자 그룹을 생각할 때 이들을 어두움 속에 둬서는 안 된다고 나는 생각한다. 신앙을 떠난 사정은 무엇인지 그들의 목소리도 들어봐야 한다. 놓쳐 버린 것들을 찾아봐야 할 과제가 남아있다. 아리마 신학교는 일본인이 처음으로 서양을 배웠던 학교다. 기리시탄 시대의 서양은 막부나 메이지 시대의 서양이 아니고 현대의 우리가 생각하는 유럽 국가 서양도 아니었다. 기리시탄 시대의 서양은 어디까지나 그리스도교 중심으로 움직여온 서양이었다. 그런 서양에서 남만선(무역선)을 통해 서양문물이 전달됐다. 철포와 화약 그리고 시계와 직물 같은 것들이었다. 그밖에 진귀한 물품도 대량으로 들어왔고 일본인은 그들로부터 기술을 습득했다. 하지만 그러한 물품과 기술이 메이지 시대만큼 일본인의 생활을 바꿔 놓지는 못했기 때문에 부차적인 결과를 남겼다. 기리시탄 시대에 살던 일본인들은 서양의 도가니에 길들어진 기독교와 그 국가와 정면으로 맞서야 했다. 따라서 그 당시 일본인에게 서양은 그리스도교였고 그리스도교 국가 자체였다. 아리마 신학교는 서구의 문명 기술을 배우는 곳이 아니라 당시 서양의 중심사상인 그리스도교를 배우는 학교였다. 그런 의미에서 학생들은 먼저 그리스도교 언어인 라틴어를 필수적으로 익혀야 했다. 음악 수업을 위해서는 하프시코드나 오르간을 배워야 했다. 이유는 미사 전례와 성가 합창을 위해 필요한 악기이며 일본어와 일본 문학 수업은 그들을 교양인이 되기 위해서가 아니라, 문화 일본인에게 선교하기 위해 필요했기 때문이다.

아무튼 학교 설립 목적 자체가 그리스도교를 알리기 위한 선교사 양성을 위해 설립되었기 때문이다. 하지만 학생들은 서서히 모순된 문제에 부딪치게 되었다. 그것이 그리스도교 자체의 문제는 아니었다. 그리스도교와 일본의 관계에 대해 고심하지 않았기 때문에 나타난 결과였다. 다시 말해 '서구의 기독교와 일본' 또는 '일본식 그리스도교는 무엇인가' 이 문제에 대해 고뇌하지 않았기에 어느 날 부딪치게 된 당혹감이었다. 전국시대에 살던 일본인들은 전쟁과 투쟁의 시대에 살고 있었다. 늘 위험이 도사리고 있었기에 마음의 안정을 불교에서 찾고자 했으나 불교의 가르침으로 만족을 얻지 못해 서구에서 들어온 새로운 종교에서 무언가를 얻고자 했다. 학생들과 졸업생들이 부딪힌 문제는 교리의 모순이 아니었다. 오히려 그리스도교와 그리스도교 국가의 모순이었다. 그리스도교는 사랑을 가르친다. 그런데 그 사랑을 가르치는 기독교를 신봉하는 국가들이 동양을 침략한 뒤 마을과 땅을 빼앗는다는 문제이다.

한편 그리스도교가 침략을 묵인한 채 점령지에 선교사를 파견하였다. 당시 교회나 선교사 측은 주민들이 엉뚱한 종교에 빠져 구원의 기회를 잃고 있다고 생각했다. 가르침을 넓히기 위해선 무력 정복도 필요조건으로 여겼고 정복지에 교회와 학교와 병원을 세워 나갔다. 그것이 원주민 즉 '이방인 선교' 방법으로 판단한 점이다. 그러나 정복당한 이들의 입장에서 본다면 이런 선의의 행동은 위선이다. 아리마의 학생과 졸업생들도 언제부터인가 선교사들의 침묵 속에서 이러한 모순을 조금씩 느끼고 있었을 것이다. 스승의 나라가 침략의 의도를 감추고 선교한다는 사실이 조용히 다가왔을 것이다. 해외로 나간 학생들 몇몇이 이러한 사실을 목격하고 증언함에 따라 현실을 알게 되었고 소년단 일원으로 서구사회를 방문했던 치지와 미게루는 많은 장소에서 유럽의 침략주의를 목격한 인물이다. 귀국 후 그는 은사였던 발리냐노 신부와 신학교 스승들, 함께 유럽에 갔던 동료들을 외면하고 결국 신앙을 포기하고 교회를 떠나 오무라 요시아키의 가신이 되어 그리스도교는 침략 의도가 있다는 말을 했다고 전해 온다.

배교한 아라키 토마스 신부도 치지와 미게루의 경우와 비슷하다. 그는 아리마 신학교 출신은 아니지만 일본 최초의 유럽 유학 졸업생이다. 유럽에서 공부할 때 기독교 국가의 식민지 정책에서 심한 상처를 받았고 귀국 후 교회를 떠났다. 부교소에서 배교를 약속했으면서도 예수의 가르침을 잊지 못한 후회와 굴욕감은 아라키 토마스의 마음에 언제까지나 남았다.

아리마 신학생과 졸업생들을 괴롭힌 또 하나는 일부 선교사들이 가졌던 불신감과 경멸감이다. 일본인을 사랑하고 높게 평가했던 발리냐노 신부같은 이들이 있는가 하면 일본인을 무시하고 교활한 야만인으로 여겼던 카브랄 관구장 같은 이도 있었다. 이런 대립의 상황에서 성직의 길을 걷지 못하

고 단순히 외국인 선교사의 시중을 들거나 잡무를 담당하는 도슈쿠가 되는 경우가 더 많았다. 더러는 믿음과 능력을 인정받지 못해 불만을 토로했고 결국은 배교하거나 교회를 떠나는 이도 있었다. 아리마 신학교에서 일본 문학을 가르쳤던 시메온 수사(일본명 불명)가 그중의 한 명이다. 아리마 신학교 졸업생은 아니지만 같은 예수회 수사로 그는 비범한 문학적 소질이 뛰어난 자였다. 후칸사이 하비안(不干斎ハビアン)으로 알려진 그는 이후 반(反)그리스도교를 적어 비판하였다. 다음과 같은 말로 자신의 우울한 불만을 잘 표현했다.

> 오만한 마음은 모든 악의 근원이고 겸손은 모든 선의 기초다. 겸손하라는 가르침을 사람에게 권한다. 그것이 그의 출생국의 풍습인가? 하지만 그들(선교사)의 교만은 사탄도 따라잡지 못한다. 일본인을 인간으로 생각하지 않는다. 그러니 일본인도 이를 납득할 수 없으니 참된 교류가 이뤄지지 않는다. (…) 이후 일본인은 신부(빠드레)가 돼서는 안 된다 하니 참으로 유쾌하지 못하다.
> - 『학·다이우스(破提宇子)』

일본인은 신부가 될 수 없다는 일부 선교사들의 생각에는 유럽인을 우위로 보는 시각이 숨어 있다. 이런 사고는 독선을 낳는다. 베드로 키베 일행에게 졸업 후 성직의 길이 폐쇄되었던 이유라고 볼 수 있다. 아리마 신학생들은 기독교 국가의 침략과 식민정책, 일부 선교사들이 일본인에 대한 멸시 감정. 졸업생들은 예수의 가르침을 배우면서 모순된 서양교회의 현실을 직면하지 않으면 안 되었다. 훗날 일부 졸업생은 이러한 모순을 극복하지 못하고 교회를 떠나게 되었다. 배교의 원인이 꼭 배교자에게만 있는 것은 아니다. 당시 교회의 모습과 일부 선교사들의 행동에도 있던 것이다.

이러한 모순은 당시 서양 사회의 과실로 여길 수 있다. 그 당시 아리마에 창립된 신학교는 그리스도교라는 서양의 중심사상과 더불어 서구사회 오류도 동시에 안고 있었다. 신학교에서 처음으로 서양을 배우던 학생들은 라틴어와 오르간 그리고 서양의 결함까지도 배우게 된 셈이다. 학생들은 유럽 사회의 선의와 아름다움을 배우면서 그들의 과실까지도 정면으로 받아들여야 했던 것이다. 그래서 그들의 운명은 결코 밝게 끝나지 못했다. 수없이 고배의 잔을 마셔야 했고 스승도 친구도 떠나야 했다.

키베의 피란만장한 생애에는 서양을 처음 배운 일본인의 고뇌가 고스란히 녹아 있다. 아리마 신학교에서 접한 그리스도교는 이 남자, 젊은 시절의 키베의 혼을 매혹시켰으나 훗

베드로 기베 동상. 키베공원

날 접한 서양의 결함으로 그를 무척 아프게 했다. 키베는 누구에게도 의지하지 않고 홀로 자신의 힘으로 이 모순에서 벗어나려 애썼다. 자신의 반생을 소모했다. 그의 순교가 그의 결론이기도 하다. 그는 서양의 그리스도교를 위해 피를 흘리지 않았다. 예수의 가르침과 일본인을 위해 목숨을 바친 것이다.

✻

바짝 마른 가을 잡초가 단단히 뿌리내린 아리마 언덕의 옛 신학교 터. 절을 개조한 작은 학교였다. 입을 모아 선교사가

다 이루었다

하라 성터

 가르치는 라틴어를 소리 내어 따라 하던 베드로 키베와 학생들의 소리가 어슴푸레 들리는 듯하다. 처음 오르간을 연주하던 서투른 울림도 어디선가 귀에 들려오고 감청색 교복 차림으로 학교에서 나오는 소년들이 보이는 듯하다. 머잖아 한 명 한 명에게 비극적인 운명이 찾아갈 터인데 아직 그런 불길한 조짐은 어디에도 없어 보인다. 순박한 소년들과 당시의 교사 신부들은 전혀 눈치채지 못하고 있는 듯하다.

 언제 와도 이 아리마의 폐허는 조용하다. 이곳을 찾는 이의 그림자도 보이지 않는다. 그 옛적 이곳에는 자그마한 학교가 있었다. 여기야말로 일본인이 처음으로 서양을 배웠다는 장소였음을 일본인의 대부분이 모른다. 여기서 공부한 이들이 그 학문을 배웠다는 이유로 박해받고 죽어 간 사실을 대부분의 일본인이 모른다. 여기서 공부한 이들 중 몇몇이 이 나라 최초의 유럽 유학생이었다는 사실도 대부분의 일본인이 모른다. 그래서 모두 조용하다.

후기

　십여 년 전 우연히 치스리크 교수(예수회 사제)의 논문을 읽다가 베드로 키베라는 분을 알게 되었다. 잘 알려지지 않았으나 너무나 극적인 삶을 살았던 17세기의 일본인이다. 이후 동남아시아와 유럽을 여행할 기회가 있을 때마다 나는 그의 발자취를 더듬어 봤다. 규슈 시마바라 모퉁이 마을 아리마를 찾을 때마다 베드로 키베와 그 친구들이 서양을 공부하던 신학교에 들르게 되었다. 그는 내 마음 안에서 성장하고 움직이고 걸었다.

　그는 오늘까지 내가 적은 많은 작품 속에 등장하는 연약한 존재가 아닌 강자다. 그러한 그와 나 자신과의 거리감을 좁히기까지 역시 긴 세월이 필요했다.

　이 책을 위해 많은 문헌을 참고하였다. 특별히 치스리크 교수로부터 직간접으로 많은 도움을 받았다. 프로이스와 발리냐노의 서간 인용은 마쓰다 다케시 교수의 번역을 사용했으며 베드로 키베의 서간은 치스리크 교수의 번역을 인용하였다. 그분들께 깊은 감사의 예를 올린다.

엔도 슈사쿠(遠藤周作)

엔도 슈사쿠(遠藤周作)

1923년	3월 27일 동경 스가모에서 부 쓰네이사(常久)와 모 이쿠(郁)의 차남으로 태어남.
1929년 [6세]	만주 다롄 대광장초등학교 입학, 성적은 거의 중간이었지만 작문 능력은 뛰어나 처음으로 지은 시와 작문 '도죠'가 다롄 신문에 게재됨.
1935년 [12세]	형 쇼스케와 같이 슈쿠가와 가톨릭교회에서 세례를 받음. 세례명은 바울.
1943년 [20세]	고등수험에 실패하여 게이오기주쿠대학 문학부 예과에 입학.
1947년 [24세]	처음으로 쓴 에세이 '신들과 신'이 인정받아 '사계'(가도카와 서점 발행)에 게재됨.
1950년 [27세]	종전 후 최초의 유학생으로 프랑스 리옹대학 대학원에 입학.
1953년 [30세]	몸 상태가 나빠져 귀국. 귀국 후 첫 에세이집 '프랑스의 대학생'을 하야카와 서점에서 출판.
1955년 [32세]	'하얀 사람'으로 제33회 아쿠타가와상을 수상.

1957년 [34세]	『바다와 독약』으로 제5회 신쵸사문학상과 제12회 마이니치 출판문화상을 수상하면서 문단에서 지위를 확립.
1959년 [36세]	최초의 가톨릭 소설 '최후의 순교자'를 발표.
1963년 [40세]	투병생활에서 재기하여 장편 '내가 버린 여자'를 『주부의 벗』에 연재. '오후의 이야기'를 『예술생활』에 연재하여 이 에세이를 '고리안 이야기'로 이름 짓고 새집을 고리안이라 이름 붙임.
1966년 [43세]	새로 쓴 장편 『침묵』을 간행.
1970년 [47세]	로마법왕청으로부터 실베스터 훈장을 수여 받음.
1973년 [50세]	『사해 부근』, 『예수의 생애』를 신쵸사에서 간행.
1975년 [52세]	『엔도 슈사쿠 문학전집』(전11권)이 신조사에서 간행.
1977년 [54세]	아쿠타가와상 선고 위원이 됨.
1979년 [56세]	예술원상 수상.
1981년 [58세]	예술원 회원이 됨.
1985년 [62세]	일본 펜클럽 회장 취임.
1987년 [64세]	『침묵』의 무대인 나가사키현 소초메쵸에 '침묵의 비' 완성.
1993년 [70세]	신장병으로 입원, 입원과 퇴원을 반복하는 투병생활이 계속. 엔도 슈사쿠 문학의 집대성이라 할 수 있는 『깊은 강』을 고단샤에서 간행.
1994년 [71세]	마지막 역사소설 『여자』를 아사히신문에 연재.
1995년 [72세]	문화훈장 수상.
1996년 [73세]	9월 29일 사거.
2000년	5월 13일 사가사키현 소토메쵸에 '소토메쵸 건립 엔도 슈사쿠 문학관' 개관.
2005년	1월 4일의 편입 합병에 따라 '나가사키 엔도 슈사쿠 문학관'으로 명칭 변경.

역자 후기

_____님!

베드로 키베 신부님과 어떻게 만나셨는지요?
 2018년 9월 『거룩한 불꽃(일본 26성인 순교기)』이 출판되고 얼마가 지났다. 서강대 어느 교수 신부님께서 "수녀님 26 성인전을 출판했으니 이번엔 이 책을 번역해 보시죠. 『침묵』 버금가는 책입니다." 번역을 권유받았다. 엔도 슈사쿠, 이분이 이런 순교사를? 약간 의아한 마음이 앞섰으나 글 안으로 들어가면서 그분의 깊숙한 신앙심을 만나게 되었다.

 번역을 잘못하면 반역이 된다는 조심스러운 마음은 손위 어려운 손님을 맞이하는 것 같다고 할까, 더욱 순교사를 번역한다는 일은 돌처럼 무거운 일이다. 그러면서 마음을 추스르게 하는 것은 독자가 주인공을 만나면서 자기성찰과 영적 깨달음을 받을 수 있다는 생각에서 한 줄 한 줄을 옮겨갔다. 물론 먼저 나 자신이 주인공이 되어 하느님께 몰입하고 눈물 글썽이고 아파하고 그리고 많은 힘을 받았기 때문에 계속할 수 있었다. 이 책을 적기 위해 자료수집만으로도 많은 시간과 수고를 요했을 것이다. 저자의 기도와 묵상이 담겨 있어 때로는 저자의 마음에 가까이 다가가는 일도 싫지 않았다. 한편 순교사를 사실과 달리 적은 곳도 보였는데 그것은 아마 작품의 문학성을 높이기 위한 것으로 이해했다.

  내가 키베 신부님을 알게 된 것은 나가사키에 온 바로 그해 2008년 11월 24일에 베드로 키베와 187위 시복식을 통해서였다. 인간의 한계를 훌쩍 뛰어넘은 그의 생애를 알게 되었을 때 놀라움을 금치 못했다. 사제가 되려는 열망으로 사막을 걸어 횡단하여 예루살렘에서 로마까지의 행보. 혹 불면 꺼질 것 같고 한 줌도 안 되는 잠복 신자를 돌보다 극형으로 생을 마감한 키베 신부님은 무쇠보다 강하고 솜보다 부드러웠다. 그런 목자의 모습이 전해올 때 더더욱 마음이 아렸다. 키베 순교자의 삶을 소개할 수 있는 기회를 선뜻 마련해 주신 '불휘미디어'의 리아 대표 부부님께 감사드립니다. 늘 곁에서 지켜봐 주시는 나가사키 대교구 나카무라 대주교님과 대구대교구의 장신호 주교님, 초벌 문맥을 다듬어 주신 마산교구 주교 서리 신은근 신부님, 자료를 정확하게 알려주시는 26성인 기념관장 예수회 렌죠 신부님, 든든한 협조자 그라시아 자매님, 그리고 기도로 힘을 모아주시는 저희 수도회의 모든 수녀님들께 감사의 인사를 전합니다. 하느님의 더 큰 영광을 위하여 베드로 키베 신부님과 엔도 슈사쿠 바오로 님께 바칩니다.

희년 2025년 1월 주님 공현 대축일
예수성심 시녀회 나가사키 분원
이 건숙 율리엣다 수녀.

총과 십자가
銃と十字架

초판 발행 2025년 2월 27일

지은이	엔도 슈샤쿠(遠藤周作)
옮긴이	이건숙 수녀
감수	일본 26성인 기념관장 데・루카・렌죠(デ•ルカ•レンゾ) 신부
	마산교구장 서리 신은근 바오로 신부
그림	쥴리아나 시게코 수녀
펴낸이	김리아
펴낸곳	불휘미디어
	주소 경남 창원시 마산합포구 오동동10길 87
	전화 055) 244-2067, 222-2068
	이메일 2442067@hanmail.net

ISBN 979-11-92576-71-8 03230
값 17,000원